HISTOIRE ÉCONOMIQUE ET SOCIALE DE LA GUERRE MONDIALE

(Série française)

L'ORGANISATION DE LA RÉPUBLIQUE POUR LA PAIX

PAR

Henri CHARDON
Conseiller d'État de la République Française
Membre de l'Institut

PUBLICATIONS DE LA DOTATION CARNEGIE POUR LA PAIX INTERNATIONALE

LES PRESSES UNIVERSITAIRES DE FRANCE, PARIS
YALE UNIVERSITY PRESS, NEW-HAVEN, U. S. A.

Publications de la

Dotation Carnegie pour la Paix Internationale

Section d'Économie et d'Histoire

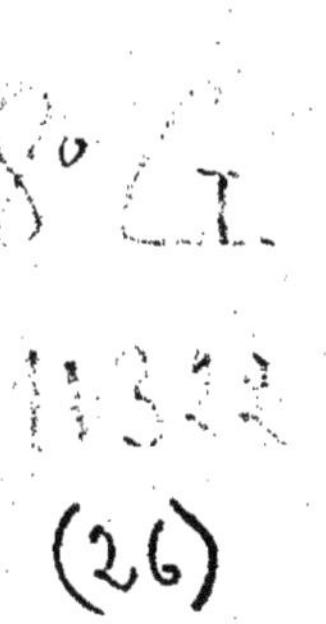

HISTOIRE ÉCONOMIQUE & SOCIALE DE LA GUERRE MONDIALE

Série Française

DIRECTEUR

JAMES T. SHOTWELL

Professeur d'Histoire à l'Université Columbia (U. S. A.)

AVEC LA COLLABORATION DU

COMITÉ FRANÇAIS

CHARLES GIDE, Professeur au Collège de France *(Président)*.
ARTHUR FONTAINE, Président du Conseil d'Administration du Bureau International du Travail.
HENRI HAUSER, Professeur à la Sorbonne et au Conservatoire national des Arts et Métiers.
CHARLES RIST, Professeur à la Faculté de Droit.

(Voir à la fin de ce volume la composition des Comités étrangers et la liste des monographies se rapportant à chaque pays).

L'ORGANISATION GOUVERNEMENTALE FRANÇAISE PENDANT LA GUERRE

L'ORGANISATION DE LA RÉPUBLIQUE POUR LA PAIX

PAR

Henri CHARDON
Conseiller d'État de la République Française
Membre de l'Institut

PUBLICATIONS DE LA DOTATION CARNEGIE
POUR LA PAIX INTERNATIONALE
LES PRESSES UNIVERSITAIRES DE FRANCE, PARIS
YALE UNIVERSITY PRESS, NEW-HAVEN, U. S. A.

PRÉFACE

A l'automne de 1914, quand l'étude scientifique des répercussions de la guerre sur la vie moderne passa tout à coup du domaine de la théorie dans celui de l'histoire, la Division d'Économie et d'Histoire de la Dotation Carnegie se proposa d'adapter son programme de recherches aux problèmes nouveaux que la guerre allait susciter ou, si l'on préfère, aux problèmes anciens qu'elle allait transformer.

Le programme existant, tel qu'il avait été rédigé dans la conférence des économistes tenue à Berne en 1911 et qui traitait des questions alors actuelles, avait déjà donné lieu à des travaux de haute valeur, mais pour bien des raisons, il ne pouvait plus être maintenu tel quel. Un nouveau plan fut donc tracé, à la demande du Directeur de la Division. Il avait pour but de mesurer, par une vaste enquête historique, le coût économique de la guerre et les perturbations qu'elle causerait dans la marche de la civilisation. Il y avait lieu de penser qu'en confiant une telle entreprise à des hommes compétents et d'esprit pondéré, et en la menant selon la méthode vraiment scientifique, elle pourrait finalement fournir au public les éléments nécessaires pour se former une opinion éclairée — et servir par là les intentions d'une Fondation consacrée à la cause de la Paix internationale.

Le besoin d'une telle analyse, conçue et exécutée dans le véritable esprit de la recherche historique, s'est fait de plus en plus sentir au fur et à mesure que la guerre s'est développée, déclenchant toute la multiplicité des forces nationales — non seulement celles qui visaient à la destruction, mais aussi celles qui aboutissaient à la création de nouvelles énergies productives. L'apparition de ces formes nouvelles d'activité économique qui, en temps de paix, se seraient traduites par un accroissement de richesse sociale et qui ont donné parfois l'illusion d'une prospérité grandissante — et, d'autre part, le spectacle de l'incroyable endurance dont firent preuve toutes les nations belligérantes pour supporter des pertes sans cesse accrues — ont rendu nécessaire de soumettre à un examen plus approfondi tout le domaine de l'économie de guerre.

Une double obligation s'imposa donc à la Division d'Économie et d'Histoire. Elle dut prendre pour règle de concentrer son travail sur les problèmes ainsi posés et de les étudier dans leur ensemble ; en d'autres termes, de leur appliquer les critériums et les disciplines de la méthode historique. En raison même de ce que la guerre, prise dans son ensemble, constituait un seul fait, quoique se répercutant par des voies indirectes jusqu'aux régions les plus reculées du globe, l'étude de la guerre devait se développer sur un plan unique, embrassant tous ses aspects à la fois et pourtant ne négligeant aucune des données accessibles.

Aussi longtemps que la guerre a duré, on ne pouvait songer à l'exécution d'un tel programme. On pouvait tenter des études occasionnelles et partielles (quelques-unes ont été publiées sous la direction de la Division Économique), mais il était impossible d'entreprendre une histoire générale — et cela pour des raisons évidentes. D'abord toute étude autorisée sur les ressources des belligérants aurait influencé directement la conduite des armées. Aussi les gouvernements avaient-ils grand soin de soustraire à toute enquête les données de la vie économique, même celles auxquelles, en temps normal, le public a accès. En dehors même de cette difficulté, les collaborateurs qui eussent été qualifiés pour ces études étaient pour la plupart mobilisés et par conséquent hors d'état de se livrer à de pareilles recherches. Le plan d'une histoire de la guerre fut donc ajourné jusqu'au moment où les circonstances rendraient possibles dans chaque nation non seulement la communication des documents, mais la collaboration des spécialistes, économistes, historiens, hommes d'affaires ; et où leur coopération à ce travail collectif ne pourrait plus donner lieu à des malentendus, ni quant à ses buts, ni quant à son contenu.

Dès la guerre finie, la Dotation reprit son plan primitif. Il se trouva qu'il s'adaptait assez bien, sauf quelques légères modifications, à la situation nouvelle. Le travail commença dans l'été et l'automne de 1919. Une première conférence des économistes composant le Conseil consultatif (*Advisory Board of Economists*) fut convoquée à Paris par la Division d'Économie et d'Histoire. Elle se borna à tracer un programme de courtes études préliminaires ayant trait aux principaux aspects de la guerre. Comme le caractère purement préliminaire de ces études fut encore accentué par le fait qu'elles portaient plus spécialement sur les problèmes urgents de l'Europe à ce moment, on décida de ne pas en faire des fragments de l'histoire générale, mais d'y voir simplement des essais d'intérêt immédiat pour la période de l'après-guerre. Visiblement la conférence ne pouvait établir *a priori* aucun programme d'ensemble ; il fallait créer un instrument plus spécialisé que celui qui existait si l'on voulait entreprendre l'histoire économique et sociale de la guerre. Pour cela il fallait une enquête menée d'abord par une organisation nationale et ne faisant appel que subsidiairement à une coopération internationale. Aussi longtemps que les faits relatifs à l'histoire de chaque nation ne seraient pas parfaitement connus, il serait vain de procéder à des analyses comparatives et l'histoire de chaque pays constituerait elle-même un inextricable labyrinthe. On décida donc de dissoudre l'ancien Comité européen de recherches et de le remplacer par un Comité de direction (*Editorial Board*) dans chacun des principaux pays (ou par un seul directeur dans les petits pays). La tâche de ces Comités devait se concentrer, au moins pour l'instant, sur l'histoire économique et sociale de leur pays respectif.

La première démarche du Directeur général fut de choisir les membres de ces Comités de Direction dans chaque pays. Si le plan de la Dotation avait besoin d'une justification, il suffirait de montrer les listes des noms de tous ceux qui, hommes de science ou hommes d'état, ont accepté la responsabilité de ces publications. Cette responsabilité est assez lourde, car elle implique l'adaptation du plan général aux conditions spéciales de chaque pays et à ses habitudes de travail. Le degré de réussite de l'entreprise dépendra du zèle avec lequel les collaborateurs de chaque nation accepteront d'y coopérer.

Une fois constitués les Comités de direction, un premier pas s'imposait pour la mise en train de notre histoire. Pas d'histoire sans documents. Avant tout il fallait rendre accessibles pour les recherches, dans la mesure compatible avec les intérêts de l'État, tous les documents de quelque importance relatifs à la guerre, locaux ou nationaux. Mais la constitution des archives est une lourde tâche qui appartient de droit aux Gouvernements et autres détenteurs de ces documents historiques, non aux historiens ou économistes qui se proposent de les utiliser. C'est une obligation incombant aux propriétaires qui les détiennent pour le compte du public. Les collaborateurs qui se sont chargés de cette partie de l'Histoire de la Guerre ne pouvaient que se borner à un rôle d'enquêteurs, et en acceptant la situation telle qu'elle était, résumer leurs découvertes sous forme de guides ou de manuels bibliographiques ; et peut-être aussi, en procédant à une comparaison des méthodes employées, contribuer à faire adopter celles trouvées les plus pratiques. Tel a été dans chaque pays le point de départ de nos travaux, quoiqu'on n'ait pas dans chaque cas rédigé sur ce point de monographie spéciale.

Pendant quelque temps il sembla qu'on ne pouvait dépasser cette première étape du travail limitée à la mise à jour des documents. Et si notre plan avait comporté le dépouillement des seuls documents officiels, on n'aurait guère pu aller au delà, car une fois certains documents catalogués comme « secrets », il y a peu de gouvernements assez courageux pour oser briser les scellés. Par suite, des mines de matériaux indispensables à l'historien lui restent inaccessibles, quoique leur publication ne puisse présenter bien souvent aucun inconvénient. Tant que l'état d'esprit né de la guerre pesait ainsi sur nos recherches et risquait de les entraver pendant bien des années encore, il fallait découvrir quelque autre solution.

Heureusement cette solution a pu se trouver grâce aux impressions et aux souvenirs personnels, appuyés d'ailleurs sur des documents dignes de foi, de ceux qui au cours de la guerre ont participé à la direction des affaires ou qui, simples observateurs, mais favorablement placés, ont pu recueillir de première ou de seconde main une connaissance précise de certaines phases de la guerre et de leurs conséquences sociales. C'est ainsi qu'a pu être établi le plan d'une série de monographies historiques ou descriptives où les faits seront exposés, non à titre officiel, mais néanmoins de source autorisée, monographies qui se classent à mi-chemin entre le type des mémoires personnels et celui des rapports officiels. Ces monographies constituent le principal de notre œuvre. Elles ne sont pas limitées aux faits de guerre ni même à ses suites immédiates, car l'histoire de la guerre se prolongera longtemps après que celle-ci aura pris fin. Elles doivent embrasser aussi la période de « déflation » au moins assez pour permettre de se faire, sur les perturbations économiques dues à la guerre, un jugement plus sûr que ne le permettrait le seul examen des faits immédiatement contemporains.

Avec cette nouvelle phase du travail, la tâche des directeurs a pris un nouveau caractère. Le plan des monographies a dû être compris en raison des collaborateurs disponibles plutôt qu'en raison des matériaux existant comme c'est le cas dans la plupart des histoires, car les sources étaient aux mains des collaborateurs eux-mêmes. Ceci, à son tour, impliquait une nouvelle attitude à prendre en face du double idéal d'exactitude et d'objectivité auquel doit toujours tendre l'historien. Pour permettre à chaque collaborateur de donner toute sa mesure, il fallait éviter de l'enfermer dans le cadre d'un programme trop rigide : il fallait pré-[illegible] que les mêmes faits seraient présentés sur des plans différents et vus sous des angles variés, et que des événements y seraient compris qui ne rentrent pas strictement dans les limites de l'histoire. Il ne fallait même pas vouloir obtenir partout une stricte objectivité. On ne pouvait empêcher une certaine partialité, née des nécessités de la controverse et de la défense. Mais cette partialité même est, dans bien des cas, une partie intégrante de l'histoire, les appréciations des faits par les contemporains étant aussi instructives que les faits mêmes sur lesquels elles portent. D'ailleurs le plan, dans son ensemble, est établi de façon que les monographies d'un même pays se contrôlent mutuellement ; là où ce ne serait pas le cas, nul doute que d'autres ouvrages parallèles, publiés dans les autres pays, ne puissent servir de correctif.

Outre ces monographies destinées à utiliser les sources, d'autres études sont en préparation ayant un caractère technique et limité, et portant sur des points précis d'histoire ou de statistique. Ces monographies ont, elles aussi, le caractère de travaux de première main, car elles enregistrent des faits recueillis assez près de leur source pour permettre des vérifications qui deviendraient impossibles plus tard. Mais d'autre part elles constituent aussi des applications de la méthode constructive par laquelle l'historien passe de l'analyse à la synthèse. Mais il s'agit d'une tâche difficile et longue et qui commence à peine.

On pourrait dire, pour caractériser les premières phases d'une histoire comme celle-ci, que l'on n'en est encore, suivant l'expression américaine, qu'à la « cueillette du coton ». Les fils emmêlés des événements restent à tisser pour fabriquer l'étoffe de l'histoire. Dans un travail constructif et créateur comme celui-ci on peut être obligé de changer de plan et d'organisation.

Dans une entreprise qui implique une coopération aussi complexe et aussi variée, il est impossible d'établir, autrement que d'une façon très générale, la part de responsabilité des directeurs et des auteurs dans la rédaction des monographies. En ce qui concerne le plan de l'Histoire de la Guerre dans son ensemble et son exécution, c'est le Directeur général qui assume la responsabilité ; mais quant aux arrangements de détail et à la répartition des travaux entre les collaborateurs, c'est surtout l'affaire des Comités de direction et d'édition dans chaque pays, qui ont aussi à lire les manuscrits préparés sous leur direction. Néanmoins l'acceptation d'une monographie n'implique nullement l'approbation des opinions et conclusions qui s'y trouvent formulées. La Direction borne son rôle à s'assurer de la valeur scientifique des travaux et à vérifier s'ils rentrent bien dans le cadre du plan adopté, mais les auteurs auront naturellement toute liberté de traiter les sujets à leur gré. De même aussi la Dotation, par le fait qu'elle autorise la publication de monographies, ne doit pas être considérée comme donnant son approbation aux conclusions qui s'y trouveront formulées.

C'est devant l'histoire seulement que la Dotation sera responsable : d'où résulte pour elle l'obligation de réunir et de présenter tous les faits et tous les points de vue aussi complètement et aussi exactement que possible, sans chercher à en éliminer aucun dès qu'ils sont essentiels à l'intelligence générale de la guerre.

∴

Les observations qui précèdent s'appliquent particulièrement à la monographie sur *L'organisation de la République pour la paix.* Depuis 1902, dans une série d'études et de livres, M. Henri Chardon a soutenu que la France n'avait créé la République que verbalement ; qu'elle s'était bornée à couler ce nouveau régime dans les moules de la monarchie et de l'empire, que cela pouvait mener à des catastrophes et que toutes les notions anciennes sur les pouvoirs et les souverainetés étaient à réviser. Adjoint au ministre des Travaux publics, de 1916 à 1919, M. Henri Chardon a estimé que les faits qu'il avait observés pendant la guerre confirmaient ses précédentes conclusions ; en 1920, il a résumé ces conclusions dans une brochure ayant pour titre : *Les deux forces dans une démocratie : le nombre ; l'élite.* La monographie qui suit reprend, sous une forme un peu différente, les mêmes conclusions. Ainsi que l'auteur le dit en commençant, elle n'est et ne peut être qu'un document versé au dossier par un observateur attentif et de bonne foi. Mais ces réflexions sur l'esprit de paix dans la République, l'objet et les conditions de la vie sociale dans une démocratie, les buts de la nation, le sentiment de la patrie, les restrictions à apporter au principe de la souveraineté nationale et les combinaisons de fonctions qui peuvent presque mécaniquement assurer l'ordre, la permanence et l'honorabilité nécessaires aux affaires extérieures comme aux intérieures, n'intéressent pas seulement les Français.

James T. Shotwell.

AVANT-PROPOS

Le Comité de la Dotation Carnegie me demande un mémoire sur « l'organisation de la République pour la paix ».

Ce mémoire, je sais que je vais l'écrire avec une bonne foi absolue : mais je n'essayerai pas, par des artifices de style, de lui donner un caractère impersonnel. Tout doit toujours être ramené aux hommes avec lesquels il faut réaliser les idées ; ne discutons jamais celles-ci par rapport à l'absolu, mais par rapport à Joseph, Raymond ou Alexandre, que nous connaissons et avec lesquels nous tâchons d'appliquer les systèmes.

J'ai vu, depuis trente-huit ans de près, beaucoup d'hommes politiques et de hauts administrateurs; je les ai regardés avec attention : j'ai connu leurs qualités et leurs défauts, leurs forces et leurs faiblesses, leurs vertus et leurs vices, leur vie publique et leur vie privée; j'en pourrais faire des séries de portraits ressemblants ; je crois m'être rendu compte de la façon dont il faut amalgamer administrateurs et politiques pour produire, presque à coup sûr et en quelque sorte mécaniquement, l'honorabilité, la compétence, le dévouement, dont nous avons tous besoin, Français ou étrangers. Sous chacune de mes réflexions, je peux mettre des exemples vivants.

Je vais tâcher d'expliquer où, dans notre République, sont les forces de paix, les forces bienfaisantes d'avenir que nous devons développer : où subsistent les forces mauvaises, ces forces du passé qui poussent à la rivalité des peuples et à la guerre et comment nous devons chercher une organisation qui les détruise.

Depuis trente-huit ans, je sers, au conseil d'État, la République française; mon fils est tombé pour elle, à vingt-neuf ans; je sais ce qu'il pensait et pour quoi il est mort : je résume sa pensée et la mienne; je crois pouvoir assurer que ce résumé exprime l'opinion commune de beaucoup de Français, de ceux avec lesquels mon fils a combattu, de ceux avec lesquels j'ai vécu, de ceux qui ont fait, à travers les régimes et les révolutions, l'armature de la France; j'explique comment nous autres, Français, nous avons vu les événements et comment nous les voyons encore. C'est tout : nos amis américains voudront bien croire que, perdu avec des millions d'hommes dans le désastre de l'Europe, je n'ai pas la prétention de formuler des jugements qui dominent les événements et de fixer des points historiques.

Et si quelque lecteur, s'arrêtant là, demandait en quoi ces réflexions sur la politique et l'organisation de la République française, ce document résumant la pensée d'un père et d'un fils qui l'ont servie, peut intéresser des étrangers, je le prierais d'aller plus loin et j'ose espérer que c'est tout le mémoire qui lui répondra d'une façon satisfaisante : assurer la clarté et la régularité de la vie d'une nation, c'est travailler à la paix pour cette nation et pour les autres.

INTRODUCTION

L'esprit de paix dans la République

Vouloir la paix, organiser son pays pour la paix, en faire une pièce essentielle de la paix européenne et, au delà de l'Europe, de la grande paix des hommes, but de l'humanité, de ses penseurs et de ses prophètes, tout est là : n'avoir pas voulu la guerre ne suffit pas ; il faut avoir voulu la paix d'une volonté assez persévérante et assez forte, pour dominer la volonté de ceux qui veulent la guerre et la mort.

Pendant la guerre, des vieillards qui s'essayaient à faire des mots historiques, tandis que les jeunes mouraient, ont dit : « La France n'attend pas la paix, elle attend la victoire. » C'est pour la paix que nos fils se sont battus et sont morts. C'est elle que le peuple français voulait quand, avec un enthousiasme sacré, il se massait sur le passage du Président Wilson et quand hommes et femmes en deuil criaient : « Vive la Paix ».

Nous voulons toujours la paix, non pas la paix précaire gonflée des germes de guerres nouvelles, mais la paix européenne, génératrice d'un progrès nouveau de la civilisation ; cette paix, pouvons-nous l'obtenir par la République ? La République, par elle-même, est-elle un régime pacifique ; mène-t-elle les peuples à la guerre ou à la paix ; à quelles conclusions impartiales nous conduit notre expérience ? Si ce que nous avons vu chez nous, depuis cinquante ans, prouve qu'en définitive, la République nous a acheminés vers la guerre, quelle sottise d'aligner des raisonnements pour construire la République : c'est à la détruire que nous devrions appliquer un effort désespéré.

Dans la République, par la République, la France, en 1914, s'est sauvée.

On demande ce que nous autres Français, nous pensons maintenant de la Constitution de la France : voilà pour nous la première vérité qui sort du chaos : la France n'a été sauvée, en 1914, que parce que le peuple français avait été vraiment et publiquement pacifique pendant quarante ans : cette certitude du pacifisme du peuple français pendant quarante ans, d'une part, a fait au 1er août 1914 et maintenu, pendant la guerre, l'union des Français; d'autre part leur a assuré le secours des autres peuples : sans cette union et sans ce secours, la France était perdue.

C'est le régime républicain, qui, bien plus par ses conditions et les directives qu'elles ont imposées, que par la volonté persévérante et réfléchie des gouvernants, a créé et développé le pacifisme de la France; c'est grâce à lui que ce pacifisme est devenu public ; c'est lui qui a sauvé la France.

Si nous n'avions pas eu, tous, aux premiers jours de la guerre, la certitude du bon droit de la France, nous ne nous en serions pas tirés, sans troubles intérieurs et sans révolution : les troubles intérieurs et la révolution, c'était le désastre. Nous sommes tous allés unis à la guerre qui commençait, parce que nous savions tous que la France n'avait pas voulu la guerre ; nous savions cela, parce que nous étions en République; parce que la vie et la politique de la France, depuis quarante ans, avaient été faites par l'ensemble des Français. Je ne chercherai pas à cacher les tares et les vices d'organisation d'une République encore coulée dans les moules de l'Empire et de la Monarchie; cependant elle était la République; le contrôle de la nation sur ses destinées était imparfait; il s'exerçait pourtant dans une mesure suffisante, pour maintenir les gouvernants dans l'esprit d'une démocratie qui voulait la paix; parce qu'elle était la République, elle nous a sauvés.

Pendant la semaine tragique du 25 juillet au 1er août 1914, chacun s'est interrogé. Nous venions de vivre quarante années heureuses et peut-être dira-t-on de cette époque ce que Talleyrand disait des années qui ont précédé 1789. Sur nos chers fils tombait la catastrophe : la mort accourait pour les faucher ; nous restions là, impuissants, dans l'horreur de la tuerie prochaine : avions-nous rempli notre devoir envers eux ?

Tout homme est solidaire de sa génération, soit qu'il en ait partagé les erreurs, soit qu'il n'ait pas eu la force de les redresser. Les Cassandres sont coupables, ayant vu la vérité, de n'avoir pas su l'imposer. Par des imprudences ou des négligences, n'étions-nous pas, pour quelque portion, responsables de la guerre qui commençait ? Comme les autres, j'ai sué cette angoisse de sang ; comme les autres, j'ai, sans pitié, interrogé ma conscience. Comme aux autres, elle a répondu : la démocratie française a fait ce qu'elle pouvait pour épargner ce désastre à l'Europe. Aucun des documents qui ont paru depuis n'a affaibli pour nous cette certitude : aujourd'hui, comme il y a dix ans, notre conscience dit toujours : « Vous autres, Français de 1914, n'êtes pas responsables de la guerre. » C'est tout ce qu'on peut nous demander : c'est tout ce que nous pouvons nous demander à nous-mêmes. Sans doute le Premier Empire a dévasté l'Europe et conduit la France à Waterloo; sans doute, le

Second Empire a stupidement déclaré la guerre à la Prusse et conduit la France à Sedan. Mais notre génération a répudié la politique impérialiste ; elle a créé la République et gagné peu à peu la France à la République ; or c'est à la République française que l'Allemagne a déclaré la guerre, le 3 août 1914. Le monde entier nous avait abandonnés en 1870, parce que Napoléon III avait déclaré la guerre à la Prusse ; le monde entier nous a secourus, en 1914, parce que Guillaume II a déclaré la guerre à la République française qui, depuis quarante ans, avait éliminé peu à peu de sa politique le nationalisme agressif et n'avait cessé de prouver qu'elle voulait la paix.

Dès le début de la République, la défaite du maréchal de Mac-Mahon aux élections de 1876 et le succès des républicains marquèrent l'orientation pacifique du nouveau régime : les gouvernements étrangers le reconnurent alors. Les élections qui, depuis cette époque, se succédèrent régulièrement, tous les quatre ans, ont toujours accentué les progrès de la démocratie et l'affaiblissement des idées impérialistes. En 1913, cent vingt-quatre parlementaires français s'étaient rendus à Berne pour examiner, de concert avec quelques Allemands, les bases d'un rapprochement de l'Allemagne et de la France. A la veille de la guerre, les élections de mai 1914 ont été nettement pacifiques ; il était de notoriété publique que pas un candidat, si populaire qu'il fût et quelle que fût sa circonscription, n'eût pu être élu s'il avait osé mettre dans son programme une guerre de revanche contre l'Allemagne. Le soir du 10 mai 1914, l'extrême gauche, dont le pacifisme était public, avait triomphé et sortait de la lutte électorale considérablement renforcée : cela dépassait singulièrement les combinaisons arachnéennes ou les discours acétiques de quelques ministres.

Quand on arriverait à prouver, autrement que par des présomptions — et la preuve n'est pas faite — que certains gouvernants français ont trop facilement accepté l'idée de guerre et que leur inconscience ou leur folie a servi ainsi le jeu de ceux qui en Allemagne, en Autriche, ou ailleurs désiraient la guerre, cela ne prouverait pas que la République Française méritait qu'on lui déclarât la guerre ; on ne se jette pas sur son voisin, on n'incendie pas sa maison, on ne tue pas ses fils, parce qu'il a pris, pendant quelque temps, un gérant difficile ; on ne se jette pas sur un peuple qui, dans l'ensemble prouve qu'il est pacifique, parce qu'il subit ou supporte, pendant quelques mois, des ministres que les étrangers jugent insupportables.

Les journaux allemands se félicitèrent du résultat des élections de mai 1914. L'un des plus importants écrivit le 11 mai : « Les élections d'hier sont une évidente défaite du chauvinisme français et l'éclatante victoire du libéralisme germanophile et pacifique des troupes Jaurès. » Dans ce même mois de mai 1914, la manifestation des parlementaires français pour le rapprochement de la France et de l'Allemagne avait été renouvelée à Bâle.

Voilà les faits, qui, à la veille de la guerre, marquaient l'orientation du peuple français et comment la jugeaient les observateurs étrangers les moins bienveillants. Ils reconnaissaient, ces observateurs, l'effort persévérant de la République pour arracher peu à peu la France aux influences du passé. Ils avaient vu la déconfiture du boulangisme ; l'exil de Déroulède qui était certainement le représentant le plus noble des anciennes idées guerrières ; les convulsions de l'affaire Dreyfus et la réhabilitation finale du malheureux Juif. Ils avaient participé aux expositions internationales de 1878, 1889, 1900. J'ai été, pendant sept ans, de 1894 à 1900, le secrétaire général de l'exposition de 1900 ; je sais dans quel esprit elle a été conçue et menée, la place qu'y a tenue l'Allemagne et comment nous l'avons accueillie. Lorsque nous disions que la France voulait ouvrir une longue période de travail fécond et de solidarité entre les peuples, ce n'était pas un vain propos. En fermant les portes de l'exposition, le matin du 12 novembre 1900, j'étais bien convaincu que nous venions d'inaugurer, avec succès, un siècle de paix : c'était le sentiment général et la volonté de l'immense majorité des Français : leur action en trente ans s'était toujours exercée dans ce sens. Depuis 1870, l'Allemagne avait magnifiquement développé son commerce et son industrie ; elle marchait avec certitude vers la richesse, vers le bonheur : elle avait déjà partie gagnée. Tout a été sacrifié dans la plus inutile et la plus désastreuse des guerres, au moment où par la paix l'Allemagne touchait à la véritable grandeur. Si elle avait simplement réclamé la place que lui valaient sa prospérité et ses succès, elle n'aurait trouvé en France aucune opposition durable, ni sérieuse : la façon dont les installations des Allemands en France se multipliaient le prouve surabondamment. L'ensemble des Français sentait encore vivement la diminution matérielle et morale que la France avait subie en 1870 et l'insécurité qui en résultait pour elle ; mais les jeunes générations n'avaient plus et ne pouvaient plus avoir la même amertume que les hommes de notre âge. Qu'espérions-nous : une revanche militaire ? Non ; naïvement, mais constamment, jusqu'au dernier jour, nous avons cru à la possibilité d'un règlement pacifique de la seule question qui divisât les Allemands et les Français. La France marchait vers la démocratie et liquidait son passé ; les suffrages socialistes croissaient en Allemagne d'élections en élections ; quand on disait aux Français que bientôt, sur la libre terre d'Alsace, mille fois sacrée par tant de sang injustement versé, les deux peuples réconciliés planteraient le chêne de la paix universelle, les Français frémissaient d'espérance.

Sur cent Français, quatre-vingt-dix-neuf ont cru, dur comme fer, jusqu'au dernier moment, que l'alliance avec la Russie et l'entente avec l'Angleterre assuraient la paix. Si quelqu'un avait dit aux Français, le 1er juillet 1914, qu'une aventure serbe allait dans quelques jours déchaîner la guerre et dévaster l'Europe, ils auraient haussé les épaules et pensé qu'ils avaient affaire à un fou. La tragique expérience a démontré que cette confiance était absurde et que tous ces systèmes d'alliances, de contre-alliances et de paix armée, destinés à garantir la paix, mènent à la guerre; mais, jusqu'à la veille de la guerre, la confiance des Français a été générale et absolue.

⁂

Les événements ont éclairé aussi ceux qui disaient : « Puisque vous ne voulez pas faire la guerre à l'Allemagne, entendez-vous avec elle. » Ce fut l'objet d'un livre qui parut en 1913 et qui eut du retentissement, livre où les arabesques de la verve couvrent la hardiesse de la pensée. Ecrit par un homme qui allait devenir ministre de la Défense nationale, ce livre reste un document dans le dossier de la France. Il atteste le pacifisme du peuple républicain de France.

La France pouvait-elle, vers 1900, orienter autrement sa politique extérieure et prévenir la guerre : c'est possible. L'Allemagne pouvait-elle en 1914, imposer la paix à l'Europe : cela nous paraît certain.

Mais nous croyons volontiers que le génie de Bismarck ayant forgé la grandeur de l'Allemagne par le fer et le feu il était presque inéluctable qu'elle voulût s'acheminer, par le fer et le feu, vers de plus grandes destinées. N'avons-nous pas eu chez nous Louis XIV et Napoléon 1er ? N'est-ce pas Napoléon III qui a déclaré la guerre à la Prusse ? Un nouveau Bismarck eût pu, par un renversement de génie, affranchir l'Allemagne de la superstition de la guerre. En France, un Bismarck, un Cavour ou même un Thiers, aurait pu peut-être conjurer la guerre. Hélas ! ni l'Allemagne, ni la France n'avaient Bismarck, Cavour ou Thiers.

Quel que soit le jugement définitif sur le kaiser, tous les peuples doivent reconnaître qu'il a achevé de démontrer les dangers du pouvoir personnel et l'illusion de ceux qui espèrent trouver dans les dynasties, leurs alliances et leurs relations de famille des garanties pour le bonheur des peuples. Peut-on imaginer relations de famille plus étroites que celles qui unissaient les souverains d'Allemagne, d'Angleterre et de Russie ; plus affectueuse correspondance que la leur ? Jusqu'au soir du 31 juillet, l'empereur d'Allemagne et l'empereur de Russie, ont correspondu fraternellement, comme pour une affaire de famille à laquelle ils pouvaient, tous les deux, donner la solution qu'ils voulaient :

où cela nous a-t-il conduits ? Ainsi que Strafford, sous la hache du bourreau, les peuples peuvent redire le verset du psaume : *Nolite confidere principibus, quia non est salus in illis.* Les mémoires qui commencent à paraître nous apprennent même que les petites rancunes tenaces de famille jouent encore un rôle dans le malheur des peuples. Un oncle et un neveu qui se traitent réciproquement de vieux paon et de valeureux poltron, l'entêtement du neveu qui veut battre l'oncle aux régates de Cowes, cela peut influer sur les événements !

Mais quelques-uns de nos publicistes réactionnaires prêtent à la raillerie quand ils poussent de tels cris pour une agression qui était dans la logique des institutions de la Prusse, comme elle est dans la logique de toutes les monarchies militaires : comment ces Danjeau en disponibilité qui regrettent tant, les uns, Napoléon, les autres Louis XIV, et qui l'impriment chaque matin, peuvent-ils recommander au peuple français un régime fort semblable à celui des bords de la Sprée, en juillet 1914, quand ils sont unanimes à accuser le gouvernement personnel de Guillaume II d'avoir provoqué la guerre mondiale pour procurer la gloire à la dynastie des Hohenzollern !

C'est une puérilité, pour les défenseurs de la monarchie, d'imaginer que la politique criminelle qu'ils reprochent à Guillaume II fut due uniquement à la personnalité de ce malheureux conducteur d'hommes. Le vice était dans les théories de droit divin et dans les institutions qu'elles comportent : même corrigées, dans une certaine mesure, par des diètes ou des parlements, ces institutions dominent et entraînent toutes les volontés, y compris celle du souverain qu'elles confirment dans la pensée qu'il est l'oint du Seigneur, et que est subordonné au concept de souveraineté.

Ce n'est pas parce qu'il a fait tel ou tel acte arbitraire qu'un souverain absolu est dangereux pour la communauté des hommes ; c'est parce qu'il est, aux heures tragiques, un souverain absolu et parce qu'alors rien, ni dans le système constitutionnel, ni dans la mentalité des hommes politiques, ni dans les habitudes des sujets, ne met un frein aux entraînements et aux ambitions inévitables d'un monarque.

Tout ce qui garantit les libertés intérieures d'une nation, tout ce qui limite le pouvoir personnel est la meilleure sauvegarde de la paix internationale.

***

« Sans doute, dit-on, la République française n'a pas voulu la guerre ; mais aussi elle ne l'a pas préparée. Si elle l'avait préparée, peut-être les Allemands se seraient-ils tenus tranquilles ; s'ils s'étaient néanmoins jetés sur nous, notre victoire eût été plus rapide. »

Nous retrouvons là ceux qui disaient au début de 1914 : « Vous acceptez les menaces de l'Allemagne : rebiffez-vous : elle reculera. » Ces psychologues doivent reconnaître que la féodalité prussienne n'avait pas la mentalité qu'ils supposaient et que son impérialisme ne pouvait être maté avec un proverbe latin.

On ne peut pas préparer la guerre quand on veut la paix. Quand on prépare la guerre, c'est qu'on veut la guerre. Si la République française avait efficacement préparé la guerre, elle eût été belliqueuse ; si la République avait été belliqueuse, nous aurions été menés depuis longtemps à la guerre, et la France n'aurait trouvé ni les mêmes appuis à l'extérieur, ni la même unanimité à l'intérieur. Heureusement, nous étions en République : sans cela nous étions perdus. Heureusement nous avons été prudents et patients : un empereur, un dictateur, un roi ne peuvent pas avoir la patience d'une démocratie ; ils sont tenus de faire des moulinets avec leur épée : parce que Louis-Philippe, qui était pourtant un remarquable roi, avait pris un parapluie, Thiers et Joseph Prudhomme ont contribué à le renverser. C'est par sa patience et le pacifisme évident du régime, que la République a assuré à la France le secours des autres peuples ; le régime, peu à peu, éliminait les trublions et les tranche-montagnes. Parce que Jacques Bonhomme savait cela il a résolu de vaincre ou de mourir ; parce que les Anglais et les Américains ont su cela, ils ont résolu de sauver fraternellement Jacques Bonhomme, fils de mil sept cent quatre-vingt-neuf.

***

Jacques Bonhomme, c'est bien la France : il ne se croit pas le plus grand citoyen du monde ; il sait que l'histoire des Anglo-Saxons est belle comme un drame de Shakespeare et qu'ils étaient déjà des hommes libres quand il n'était encore qu'un serf ; il ne voit que trop ses misères et ses sottises ; nul ne s'en gausse plus volontiers que lui ; il hausse les épaules quand ses courtisans lui disent qu'il est la figure d'un peuple-roi. Il sait qu'il n'a pas eu plus de grands hommes que les autres ; qu'il a tâché d'apprendre l'humanité, chez les Grecs et les Romains ; que le plus grand dramaturge de la terre fut un Anglais, le plus grand peintre un Hollandais, le plus grand sculpteur un Italien, et que toute l'âme des hommes chante dans les symphonies d'un Allemand. Jacques Bonhomme ne croit pas que la France soit le plus doux pays du monde ; il s'impatiente quand ses flagorneurs à gages le lui cornent aux oreilles. On reconnaît qu'il peint avec force les vices des hommes, leur niaiserie, leur dureté, leur fausseté ; où donc les a-t-il si bien observés ? où en a-t-il si cruellement souffert ? : dans un village de France. Mais il sait aussi que c'est lui qui a fait la France telle qu'elle est, courageuse et tendre, chimérique et gouailleuse, routinière et frondeuse, sceptique et naïve. Telle qu'elle est, elle est son œuvre et sa maîtresse : il l'aime et se fait tuer pour elle. Quand la guerre éclate, Jacques Bonhomme donne ce qu'il a, ses fils, ses gendres, renfonce son chagrin et travaille deux fois plus ; s'il surmonte la tempête, s'enrichit et s'élève à travers la guerre, ses voisins le traitent sans ménagement ; nul ne plaint Jacques Bonhomme, s'il meurt de chagrin, avant le jour de la victoire ; car la bienveillance et la cordialité pour le voisin ne sont pas l'humeur naturelle des Français. De loin en loin, Jacques Bonhomme réussit, arrive aux grandes places, devient un personnage : bons moments pour la France. Le plus souvent il est agriculteur, ouvrier, boutiquier, officier sans avenir, instituteur ou professeur de lycée, prêtre de campagne, petit ingénieur, artiste inconnu, fonctionnaire subalterne, magistrat de province. Il habite des logements inconfortables et sans élégance, n'a qu'un souci mitigé de l'hygiène, mange bien, boit sec, tient des propos égrillards, n'a pas de tenue, moins encore d'allure ; il peine et sue, souvent au travail, rarement à l'honneur et s'en console par un bon mot.

Jacques Bonhomme n'est pas seul en France ; deux autres personnages symboliques s'agitent et se montrent aux étrangers plus souvent que lui : un humoriste a prétendu que sur mille Français on compte neuf cent soixante Jacques Bonhomme, trente Joseph Prudhomme et dix Robert Macaire. Joseph Prudhomme croit résolument que la France a été faite pour lui et qu'il l'honore en l'exploitant. Jacques Bonhomme ne l'aime pas ; mais en maugréant, il le laisse faire ; car l'autre a précisément ce qui manque à Jacques, l'aplomb et la faconde. Joseph Prudhomme a peu d'esprit ; hardi et cynique, Robert Macaire n'en manque pas. A quoi bon décrire Joseph Prudhomme et Robert Macaire : on ne connaît que trop leur association redoutable. A force de travail, d'honnêteté, de courage et de sang, Jacques Bonhomme a dû souvent réparer les gredineries de l'un et les gaffes de l'autre. Mais avec un peu plus de bon sens et de réflexion, il peut mettre les deux compères à l'écart des affaires publiques : combien de malheurs il épargnerait ainsi à lui-même et aux autres !

***

Quand la guerre a été déchaînée, a-t-il été possible de l'arrêter ? L'entrée de l'Angleterre dans la lutte, la neutralité de l'Italie, la victoire de la Marne et l'arrêt des Allemands sur l'Yser avaient clairement renversé les conditions du combat. A moins de fautes invraisemblables, la victoire des Alliés sur les Empires centraux devenait certaine ;

pouvait-on réaliser alors cette victoire en arrêtant l'effusion du sang? Des volontés puissantes et froides pouvaient-elles sauver l'Europe de la ruine et, après les premiers désastres russes, sans trahir les intérêts d'aucun peuple allié, ou neutre, assurer à la France, par une entente anglo-franco-allemande, avec la restauration politique des frontières de 1870, une longue période de paix et de prospérité ? Après Verdun, une nouvelle occasion de terminer la guerre, dans des conditions favorables aux Alliés, leur a-t-elle été offerte; certains gouvernants ont-ils eu peur d'une paix qu'il faudrait discuter et non dicter; ont-ils eu trop peu de confiance dans leur habileté et trop redouté les ruses de l'Allemagne et de l'Autriche ? A cette époque, on a traité de pièges les propositions de paix de l'empereur d'Autriche : il est clair maintenant qu'elles n'étaient pas un piège; pouvaient-elles déclancher la paix ? Les trois grands empires se sentaient perdus; les gouvernements des Alliés ont-ils eu la vision claire du présent et des possibilités de l'avenir; n'ont-ils pas cru trop facilement ceux qui promettaient des offensives victorieuses pour le printemps de 1917? « Oui, peut-être la paix serait possible; mais combien elle sera plus belle dans un an », répétaient alors les vieillards aux jeunes gens qu'ils envoyaient mourir; c'était le temps où les sénateurs s'enthousiasmaient quand l'un d'eux proclamait, le 31 mars 1917 : « Au surplus, et c'est sur ces mots que je termine, s'il se trouvait jamais quelqu'un pour croire au repentir tardif, hypocrite et intéressé de ceux qui ont violé tous les traités et toutes les promesses; pis encore, s'il se trouvait, après la guerre, des cœurs assez faibles pour oublier que la haine de l'Allemagne est désormais le plus saint des devoirs, que c'est le plus élémentaire hommage à l'humanité, alors nous serions là pour évoquer... » Lorsque nos fils, dans leurs permissions, lisaient ces phrases dont le Sénat, à mains levées, à la veille de l'offensive d'avril 1917, avait voté l'affichage, ils disaient : « Quoi! vous laissez mettre sur les murs ces sottises ? vous savez bien que nous nous battons pour conquérir la paix des peuples, et abaisser leurs frontières, non pour permettre à des vieillards de cultiver la haine derrière les grilles de leur jardin. »

Quelles ont été, pendant la guerre, les possibilités d'une paix juste dans la réconciliation des peuples : les historiens pourront peut-être, plus tard, répondre à cette question qui a torturé ceux dont les fils allaient tomber; nous, qui avons tant souffert, nous devons à la vérité de dire que nous ne pouvons pas répondre. Saura-t-on jamais ce qu'on aurait pu faire en 1917, puisqu'à cette époque deux ou trois Français ont cru pouvoir, au nom de millions de Français, étouffer les propositions de paix, que deux ou trois Allemands prétendaient pouvoir offrir au nom de millions d'Allemands.

Pouvons-nous même porter un jugement sur le traité de paix ?

Nous savons que cette paix qui nous a fait redescendre du calvaire de Verdun d'où la France a rayonné sur la terre et d'où elle pouvait don-donner un nouvel Évangile aux peuples, dans les marécages de Versailles, n'est pas celle que nous attendions, celle pour laquelle nos fils sont morts ; ce n'était pas cette paix-là qu'ils voulaient ; ils disaient : « Pouvez-vous croire que vous dicterez vos conditions à l'Allemagne, que vous lui imposerez une paix qu'elle ne sera pas admise à discuter : un peuple de quarante millions n'annihile pas un peuple de soixante dix millions ! Pouvez-vous supposer que les peuples alliés, dont les intérêts seront si souvent opposés aux vôtres, resteront toujours désormais groupés derrière vous, pour vous défendre et vous sauver dans la paix, comme ils vous ont défendus et sauvés dans la guerre ? Nos camarades sont morts et puisque vous dites que la paix n'est pas encore possible, nous aussi nous allons mourir pour assurer la liberté nationale; c'est là l'objet principal de la guerre et de la paix; elle ne durera, votre paix, que si, par la réconciliation des peuples, elle garantit cette liberté des destinées de la France. Vous voulez renverser l'empire allemand, soit; peut-être est-ce, en effet, une garantie pour l'avenir ; mais vous ne pourrez demander à la République allemande ce que vous pourriez demander aux Hohenzollern qui vous ont déclaré la guerre. Comprenez dès maintenant qu'ainsi vous perdrez, en avantages matériels, ce que vous aurez gagné peut-être en sécurité et préparez, en conséquence, vos conditions de paix. »

Ainsi parlaient nos fils qui retournaient au combat pour mourir, mais les vieillards haussaient les épaules et répétaient : « Demain, la paix sera plus belle et surtout pas de paix blanche ! »

Nous l'avons eue enfin leur paix, la paix que les jeunes n'ont pas vue, la paix rouge du sang le plus généreux du monde. Cinq ans après la paix, nous ne retrouvons plus l'amitié des peuples qui nous ont sauvés. Les élus des peuples qui s'enfermèrent pour dicter ce traité et transformer l'Europe pouvaient-ils faire une paix meilleure ? Nous ne chercherons pas à juger leur œuvre puisque le remaniement de l'Europe qui fut l'objet et la base de toutes leurs combinaisons ne portera ses fruits, bons ou mauvais, que dans quelques années. Mais nous savons déjà que leur collaboration fut pénible et qu'ils ne s'entendirent pas sur les principaux articles : les uns récriminent parce qu'ils n'ont pas obtenu ce qu'ils demandaient ; les autres se plaignent que les premiers aient arraché, par leur insistance, des clauses qu'ils regardaient comme une menace pour la paix future. Tous étaient des hommes supérieurs, animés des plus grandes passions ; le meilleur était encore celui qui tâchait de voir l'humanité au delà de ces passions ; il n'a pu persuader et dominer les autres.

Déjà leur œuvre se disloque, leur œuvre qu'ils annonçaient devoir être si grande et qu'ils ont préparée par des procédures désuètes que ne peuvent plus comprendre les démocraties : eux-mêmes la critiquent, la déconsidèrent et leurs souvenirs ne concordent plus. Parce qu'ils avaient dans la guerre disposé de millions d'hommes, ils ont cru qu'ils gardaient, dans la paix, le pouvoir de disposer de millions d'hommes et que le suffrage populaire leur avait conféré le droit de tailler, à huis clos, les nations à la mesure de leurs idées, de leurs amitiés ou de leurs rancunes; ce n'est pas seulement le pouvoir personnel des rois et des empereurs qui s'est effondré dans la grande guerre, c'est aussi le pouvoir personnel que les élus croient encore tirer de la prétendue souveraineté du peuple. Puisque toutes les organisations gouvernementales d'Europe, les démocratiques comme les monarchiques, ont abouti à ce massacre et, après le massacre, à une paix que ceux qui l'ont faite osent dire plus précaire que la paix en juillet 1914, c'est que toutes les organisations gouvernementales d'Europe, toutes les notions sur lesquelles elles reposent et tout ce qui met les hommes, comme des jetons, entre les doigts de quelques joueurs, est à reviser.

⁂

Ceux qui disent que les hommes se sont jetés les uns sur les autres, en août 1914, parce que la guerre est leur destinée, et la haine du voisin le fond de la nature humaine, sont des imposteurs.

Si, au mois de juillet 1914, on avait tiré au sort trois paysans dans chacun des pays qui allaient entrer en guerre, réuni ces paysans dans une salle, avec des truchements honnêtes, exposé à ce jury, clairement, avec bonne foi, les difficultés pour lesquelles le massacre général allait être décrété et les conséquences probables de la guerre, tout, avant la fin de la semaine, se serait terminé par des transactions et un banquet. Mais quelques hommes se réclamant les uns du droit divin, ou de l'hérédité, les autres du suffrage populaire, assistés de fonctionnaires plus ou moins bien vêtus, plus ou moins mal préparés, ont, dans ces quinze jours tragiques de la fin de juillet 1914, joué et perdu le sort des peuples.

Cette bourgeoisie, dont la vie, avant 1914, était si douce et les intérêts généraux partout les mêmes, qui se connaissait par-dessus les frontières, qui, par les religions, les gouvernements, la presse, les parlements, les administrations, les puissances financières, la grande industrie, les lettres, les arts et jusque par ses plaisirs, tenait tous les fils, n'a pas su maîtriser la guerre, ni avant qu'elle fût déclarée, ni après qu'elle eût commencé ses ravages ; elle a plutôt apporté du feu au brasier.

Les peuples ne voulaient pas la guerre, ne pouvaient pas vouloir la guerre ; trois ou quatre douzaines d'Européens ont suffi à détruire l'Europe ; quelques hommes ont envoyé des millions d'hommes au martyre. Tous ces bonheurs individuels qu'un long effort avait conquis sur les forces hostiles, ont été broyés dans la lutte de quelques volontés : nos fils n'ont été qu'un pauvre matériel humain entre les doigts de joueurs.

Si l'Europe avait consacré au progrès de l'humanité la dixième partie des forces qu'elle vient d'employer au massacre et à la destruction, nous serions très près du bonheur humain, tel que notre destinée nous permet actuellement de le concevoir.

Dix-neuf siècles de christianisme ont abouti à cet immense charnier ; tous les prêtres de l'Europe, de chaque côté des frontières, ont béni les armées fratricides qui allaient détruire l'Europe !

Voilà notre civilisation ; il n'y a vraiment pas de quoi être fiers, même pour les vainqueurs.

LE VICE ORGANIQUE DE LA RÉPUBLIQUE FRANÇAISE
L'EXAGÉRATION DU POUVOIR POLITIQUE

Responsabilité de la guerre envers les Allemands, nous n'en avons aucune ; envers les Français, c'est une autre affaire ; nos fils ne sont pas morts seulement de l'action de l'Allemagne ; ils sont morts aussi de nos erreurs.

Nous n'apaiserons pas par des glorifications et des discours leurs mânes irrités ; notre tragique devoir est de compter ceux dont les yeux boiraient encore la douce lumière du jour, si nos fautes ne les avaient pas condamnés.

Lorsque nos remords dresseront un monument aux morts inutiles de la guerre, il sera plus haut que l'Arc de Triomphe sous lequel les survivants ont passé. Ceux qui tâchent d'analyser les fautes commises, d'en faire le bilan, de détruire les légendes, sont d'utiles serviteurs de la France ; ils remplissent envers les morts un pieux devoir. C'était la connaissance exacte de ces erreurs et de ces incapacités qui justifiait les espoirs des Allemands. Comment l'Allemagne, méthodique et réfléchie, ne nous aurait-elle pas crus en décadence, comment aurait-elle douté de la victoire, quand elle constatait les défauts d'organisation dont nous souffrions déjà si cruellement dans la paix, quand elle savait les raisons que nos chefs militaires donnaient pour maintenir le pantalon rouge, expliquer l'insuffisance des munitions pour l'artillerie légère, l'absence d'artillerie lourde, désarmer notre frontière du nord, abandonner Paris et prôner l'offensive à outrance. Et tant d'autres fautes lourdes qu'il a fallu, jusqu'aux derniers jours de la guerre, boucher avec des poitrines ; fautes pendant la guerre ; fautes avant la guerre ; fautes des civils, comme des militaires : ce n'est pas seulement pour ceux-ci, que Plutarque a menti.

En 1875 nous sommes partis à peu près du même point que les Allemands ; population et territoire à peu près équivalents ; notre richesse en sol cultivable, en chutes d'eau et en côtes pouvant, dans une large mesure, compenser leurs mines et leurs fleuves.

Si la France avait été, depuis 1875, fortement administrée et sagement conduite, elle aurait eu, en 1914, cinquante millions d'habitants et une puissante industrie. Plus de vie chez nous eût probablement étouffé la volonté de mort chez nos ennemis. Pendant ces quarante ans, la stagnation de la France a trompé l'Allemagne elle-même.

Défauts de la race, nation en décadence, peuple usé ; on pouvait le dire et même le croire avant la guerre ; encore, avec un peu de réflexion, qui ne haussait les épaules ; tous les peuples du monde sont vieux et usés ; chaque nation recommence à chaque génération ; quelle plus vieille nation que l'italienne et quelle plus magnifique race que celle des paysans de Toscane ! Dans tous les cas, la France a montré qu'elle avait l'énergie vitale ; nous n'étions pas atteints d'un vice inhérent au tempérament français et d'une incurable légèreté, incapables de réfléchir et d'organiser, puisque la vie individuelle de la plupart des Français témoigne au contraire de facultés singulières de réflexion et d'adaptation ; puisque l'ensemble de la race, dans la guerre, a montré sa ténacité et sa puissance d'organisation ; puisque, malgré la perte des départements les plus riches, la disparition des quatre cinquièmes de notre puissance industrielle, nous avons reconstitué, sous le canon de l'ennemi, une force industrielle telle qu'elle nous a permis de continuer et de gagner la guerre.

Mais nous avons payé, peut-être de la perte de la paix et certainement, dans tous les cas, de centaines de milliers de morts inutiles, de milliards de dettes inutiles, des fautes qui avaient crevé les yeux des contemporains. Nous n'avons pas su organiser la démocratie : la France a cru qu'elle avait tout fait, parce qu'elle s'était donné un parlement, que tout allait sortir de ce parlement, dont elle n'avait même pas examiné sérieusement l'organisation et le fonctionnement ; elle a cru qu'elle pouvait faire la République avec l'esprit, les institutions, les théories du passé et qu'il suffisait de mettre deux lettres nouvelles sur les papiers officiels : la France s'est trompée.

L'exagération de ce que nous appelions la politique a rongé la France comme un cancer : la prolifération des cellules inutiles et malsaines a étouffé la vie de la Nation.

CHAPITRE PREMIER

Les deux forces dans une démocratie : la force du nombre ; la force de l'élite
Combinaison nécessaire de ces deux forces

La force politique et la force administrative

Nous avons cru avoir tout fait parce que nous avions créé, par le suffrage du nombre, une force politique pour gouverner les destinées de la nation : la force politique n'est que la moitié de la vie d'une démocratie et peut-être pas la meilleure moitié.

Toutes nos expériences depuis cinquante ans, toutes celles qui se poursuivent encore tous les jours, nous obligent à reconnaître que, si nous voulons que la démocratie se développe régulièrement, normalement, clairement pour les étrangers, comme pour les citoyens, à côté de la force politique, immense, mais mouvante, instable, issue du suffrage du nombre, il faut une autre force permanente, stable, disciplinée, qui ne peut pas venir de l'élection et qui trouve son fondement et son principe, non pas dans une investiture quelconque directe ou indirecte du nombre, mais dans les qualités et la vocation de ceux qui réalisent cette force, c'est-à-dire dans une sélection rationnelle et rigoureuse des meilleurs.

Une démocratie ne peut vivre et se développer utilement, pour elle-même et pour les autres peuples, qu'avec deux organes aussi essentiels l'un que l'autre :

1° Une force politique basée sur le suffrage du nombre, réalisée par les procédés toujours forcément empiriques de l'élection, permettant à l'ensemble du peuple d'exercer un contrôle souverain sur toutes les affaires publiques et de rester constamment maître de ses destinées.

2° Une force permanente d'action ou force administrative, constituée par la sélection d'une élite, assurant la régularité, le progrès et la clarté de la vie journalière de la nation.

***

Les mœurs, le progrès, l'honorabilité d'une nation, aussi bien dans la vie intérieure que dans la vie extérieure et ses rapports avec les autres nations dépendent de l'action constante d'une force permanente, énergique et réfléchie.

Comme la culture physique et morale d'un individu, la culture physique et morale d'une race est affaire de volonté, de droiture, de durée, de méthode et de proportion.

Cette culture rationnelle d'une nation n'intéresse pas seulement les individus de cette nation : elle intéresse toutes les autres nations, puisqu'elle est une condition de leur vie et peut-être de leur mort.

Les autres nations ont non seulement un intérêt capital à pouvoir lire clairement et constamment dans la vie intérieure de chaque nation : elles ont le droit d'exiger cette clarté et nous verrons plus loin ce qu'on doit penser à ce sujet de l'objection tirée de la souveraineté nationale.

La force politique ne peut réaliser, à elle seule, ces éléments de clarté, de régularité, de permanence, de droiture de la vie intérieure de chaque nation.

Les démocraties commencent par croire que l'election peut tout leur fournir, même des juges, des ingénieurs. ou des généraux ; quand elles prennent de l'expérience, elles s'aperçoivent que la bonne administration des affaires publiques, de toutes les affaires publiques, des extérieures comme des intérieures, exige trois qualités essentielles : l'honorabilité absolue, la compétence, le dévouement, et que jamais l'élection ne peut garantir la réunion de ces trois qualités dans les candidats qu'elle désigne. Pût-elle même exceptionnellement les garantir, elle n'assurerait pas la permanence, sans laquelle il n'est point de bon service public.

L'élection ne peut donc pas engendrer directement ou indirectement les chefs de rayon de la vie sociale : elle n'est pas faite pour cela.

Après bien des tâtonnements, les démocraties arrivent à comprendre qu'à côté de la force politique qui, provenant du suffrage du nombre, permet seule au peuple de contrôler souverainement et de régir ses destinées mais qui restera toujours nécessairement instable et mouvante, comme le suffrage du nombre, elles doivent maintenir et développer une force d'action permanente, une force administrative qui seule peut assurer la vie journalière et le progrès de la nation.

Sans force politique basée sur l'élection, plus de république ; mais sans force administrative, basée sur une sélection rigoureuse, plus de nation ; rien qu'un ramassis d'individus livrés à toutes les improvisations des rhéteurs et à tous les hasards de l'intérieur et de l'extérieur.

Cette force administrative puissante, basée sur la compétence, l'honorabilité absolue et le dévouement n'est pas moins nécessaire pour les relations entre nations, que pour la vie intérieure de chaque nation.

Les rapports des peuples ne peuvent pas dépendre des improvisations des élus et des joutes internationales des hommes politiques : l'élection ne doit pas malaxer indéfiniment ces rapports au gré de ses hasards, de ses passions et de ses injustices.

Seule, une force administrative permanente, organisée avec un soin extrême dans chaque pays, d'après des principes généraux applicables à toutes les nations au même stade de civilisation et non l'éternelle mouvance de la politique, peut donner aux autres nations le sentiment de la sécurité et de la solidité des relations internationales.

Elle seule peut réaliser utilement, par tranches horizontales, ces accords internationaux, ces règlements internationaux de services publics qui préparent la Société des Nations.

***

La faute de notre génération, celle qui a pesé si directement sur la France, avant la guerre, pendant la guerre et depuis la guerre, est de n'avoir pas compris la nécessité de cette force administrative dans une démocratie et d'avoir aidé et souvent poussé la force politique à détruire la force administrative.

Ayant reconnu les terribles dangers de la souveraineté d'une dynastie ou d'un homme, nous avons fait passer la souveraineté au peuple ; nous avons crié victoire et institué de nouveaux anniversaires. Mais aujourd'hui, instruits par l'expérience, nous commençons à reconnaître que ce dogme jacobin de la souveraineté du peuple doit aller rejoindre, dans l'histoire, le dogme de la souveraineté de droit divin ou de la souveraineté du génie impérial.

Le droit divin des peuples n'existe pas plus que celui des rois.

Les professeurs de droit l'enseignent maintenant, dans toutes les Facultés, avec une grande hauteur de vues et d'immenses lectures ; nous qui vivions la vie administrative de la nation, nous étions depuis longtemps informés, moins par la puissance des raisonnements philosophiques que par celle encore plus sûre des faits. Pour ma part, après dix ans de Conseil d'Etat, je n'en doutais plus ; j'avais bien été obligé de passer le vide des formules et de regarder derrière le balancement des pouvoirs et les pancartes : souveraineté du peuple, souveraineté nationale. Voyant chaque jour agir les ministres, ils m'avaient contraint de constater ce qu'était le nouveau souverain de la démocratie et de réfléchir à ce qu'il devait être. Nous vivions sous la domination de mots : Etat, souveraineté intérieure, souveraineté nationale, pouvoirs, séparation des pouvoirs, puissance publique. Ces mots, dont la définition variait d'un auteur à l'autre et souvent chez le même auteur, dispensaient de raisonnements ; la guerre a prouvé à tous que ces mots n'étaient que des abstractions dangereuses.

L'État et la Nation
Le mysticisme de l'État ; la Nation, réalisation de la solidarité humaine et instrument de la vie individuelle

L'Etat : que signifie exactement ce mot que nous employons constamment et dont les histoires ont longtemps attribué à Louis XIV une définition si naïvement personnelle.

Demandez-le à mille citoyens français : mille citoyens français seront incapables de vous répondre. Peut-être dans leur embarras, auront-ils recours au dictionnaire de l'Académie française. Ils trouveront que le dictionnaire de l'Académie française ne reconnaît pas au mot état moins de sept sens : une situation, un registre, une manière d'être, un titre, une profession, l'administration d'un pays, un peuple en corps de nation. Mais les mille français, ayant un peu réfléchi, ne verront clairement qu'une chose, c'est qu'ils emploient le mot État dans un huitième sens, que n'a pas défini le dictionnaire de l'Académie et qu'ils mettent pêle-mêle dans ce mot fatidique, tout ce qu'ils n'ont pu approfondir des rapports nécessaires entre la collectivité et l'individu.

Les savants ont voulu suppléer à l'insuffisance du dictionnaire de l'Académie. Ne soyons pas cruels pour ceux qui enseignaient encore, il y a vingt ans, tantôt que l'Etat c'est « l'unité politique réalisée par le tissu métaphysique », tantôt que c'est « une société qui engendre en elle-même une chose publique et qui s'y conforme par la souveraineté ». Nous avions alors si peu d'hostilité pour l'Allemagne que la vogue exigeait qu'on tâchât de penser et même d'écrire à la manière allemande.

Les mille Français du commun n'ont jamais rien entendu à ces abstractions. Mais, si vous les poussiez, ils finissaient par répondre avec impatience : « Eh quoi ! nous savons bien ce qu'est l'Etat : suivant les âges, c'est Louis XIV, Napoléon Ier, Guillaume II, le « Tzar Nicolas, Mussolini, Millerand, Poincaré ou leurs ministres. » Les mille Français ont raison ; il n'y a pas autre chose dans l'Etat. Quand quelques-uns disaient, il y a vingt ans, qu'ils voyaient bien où nous mèneraient toutes ces flagorneries allemandes pour le moloch Etat, ils voyaient clair.

Pourtant la plupart des hommes acceptent encore la notion de l'Etat, être mystérieux, dont ils ne seraient que les cellules, et qui poursuivrait ses destinées en dehors et au-dessus d'eux. Ils subissent, avec résignation, la domination de ceux qui s'imposent ou se proposent comme les représentants de la souveraineté de l'Etat. Kant, lui-même, a paru croire qu'il y a un maître dans l'Etat, qu'il n'a que des droits vis-à-vis de ses sujets et pas de devoirs.

Pendant longtemps les représentants de cette souveraineté ont été des rois ou des empereurs, personnification de l'Etat où nous retrouvons tout le passé : la majesté de l'Etat romain, la fidélité de l'homme lige au suzerain, la féodalité des coutumes germaniques. Les dictateurs populaires ont cru à leur tour qu'ils étaient devenus des souverains; chez nous, actuellement, chaque ministre est persuadé qu'il doit être un douzième ou un quatorzième d'empereur, qu'il incarne pour un temps la majesté du peuple souverain. Ce pouvoir absolu, il ne l'exercera sans doute que pendant quelques mois; il n'en est que plus dangereux; car il l'exercera sans responsabilité réelle. Nous ne pouvons même pas dire qu'il ne sera pas réélu, s'il a commis des fautes ou des abus grossiers; les erreurs dont tout le pays aura pâti, seront peut-être précisément celles qui lui vaudront, dans sa circonscription, les partisans les plus farouches.

Voilà ce que nous trouvons encore aujourd'hui derrière l'abstraction du mot Etat ; la dictature de quelques-uns réduisant les autres à n'être que du matériel humain ; des bergers et un troupeau qu'ils guident vers la pâture ou la boucherie.

Cette notion mystique de l'Etat, Javeh laïc, a sombré dans la guerre: les conducteurs de peuples en couchant des millions de jeunes gens dans la mort et en ruinant l'Europe ont dessillé les yeux. Nous ne voulons plus que la souveraineté de l'Etat, les secrets d'Etat, la raison d'Etat, les hommes d'Etat, les coups d'Etat nous mènent, de pâturage en pâturage, à de nouvelles boucheries.

***

Nous ne voulons plus dire l'Etat, mais seulement la nation. La nation, cela signifie quelque chose de précis et de grand.

La nation, les mille Français, réunis par une longue histoire, n'auront pas de peine à la définir : c'est la forme pratique de la société des hommes; c'est la manifestation de l'instinct social.

Cet instinct se révolte contre les théories qui opposent la société à l'individu. Chacun de nous sait fort bien qu'il ne peut vivre qu'en société. L'être humain a cessé d'être une bête le jour où il s'est associé à d'autres humains, attendant de leur aide moins de souffrance et plus de bonheur. Ce sentiment du besoin, que nous avons les uns des autres, est absolu et universel; l'homme qui croit s'en affranchir se raie de l'humanité intelligente ; ainsi que le disait à peu près Mirabeau, il cesse d'être un homme pour redevenir une bête.

Nous ne devons donc pas opposer la société à l'individu ou l'individu à la société : la société n'est qu'une réunion d'individus qui obéissent aux forces inéluctables de la nature en mettant en commun des craintes et des désirs, pour satisfaire les uns et chasser les autres. La société est l'instrument nécessaire de la vie individuelle; elle n'a pas pour objet de châtrer les forts, mais de décupler leur force et de viriliser les faibles.

La patrie et le dogme de la souveraineté nationale

Depuis des temps immémoriaux, cette solidarité des hommes s'est manifestée pratiquement par leur réunion en nations. Grandes ou petites territorialement, suivant les circonstances historiques qui ont présidé à leur formation, les nations sont l'association d'un certain nombre d'hommes pour poursuivre les fins de l'humanité, c'est-à-dire le bonheur, sous une même raison sociale et par les moyens qu'ils jugent préférables.

Association, n'entendons par là aucune sorte de contrat social, simple fiction de l'esprit; l'association résulte de la filiation et du hasard de la naissance sur un territoire donné; ce fait crée l'attachement aux traditions, à l'esprit des ancêtres, au territoire sur lequel ils ont vécu et cherché le bonheur; c'est le sentiment de la patrie, traduction de l'instinct social de l'homme.

L'homme exalte le sentiment de la patrie parce qu'il sent que la patrie réalise pratiquement la solidarité humaine, qu'elle est pour lui la condition de tout progrès matériel ou intellectuel, l'instrument nécessaire de la vie individuelle : rien de moins, rien de plus. Pour chaque homme, la patrie est un souvenir, un enseignement, un instrument ; c'est un moyen de vie et de progrès ; ce n'est pas un but, encore moins un *in pace*.

Le temps qui vient limitera la religion de la patrie et la ramènera au juste sentiment de la solidarité nécessaire. Ce n'est pas seulement le nationalisme haineux que chaque peuple doit abandonner comme un vice de l'esprit; c'est même la nationalité dont il faut desserrer les liens dans tout ce qu'ils ont encore d'oppressif pour la liberté individuelle. La vie nationale n'est qu'un cadre dans lequel chacun doit pouvoir de plus en plus commodément aménager sa vie individuelle. « O malheureux Phrygiens et vous Grecs, dit le messager, dans l'*Hélène*, d'Euripide, vous êtes morts pour un fantôme, sur les rives du Scamandre. » Au nom des frontières, nos fils sont morts pour l'abaissement des frontières; déjà, ils ne croyaient plus au dogme de la souveraineté nationale; nos fils avaient raison; il n'y a pas de souveraineté nationale, mais seulement une liberté nationale qui doit rencontrer les mêmes limites et les mêmes protections que la liberté individuelle.

« Quoi, vous prétendez soumettre la liberté d'une nation à la volonté des autres nations ; peut-être la volonté des grandes nations à celle des petites nations ; quelle révolution ! » L'heure de cette révolution est venue : « C'est maintenant l'âge des petites gens et des petites nations », a dit le président d'une des nouvelles républiques.

Ce n'est plus la force qui fait le droit ; c'est le droit qui brise la force ; c'est la révolte sacrée du nombre contre l'oppression de la force qui crée la justice. Le christianisme dans l'empire romain n'était pas la force ; il a détruit l'empire romain. L'empire allemand avait la force et l'intelligence ; il a été détruit par la révolte du nombre des nations. Après la démocratie des individus, la démocratie des nations.

Nous qui avons sombré dans la tempête, nous pouvons crier néanmoins : Noël ; un droit nouveau des nations est né : c'est pour ce droit que les fils de France, d'Angleterre, d'Amérique et d'Italie, sont morts. Grandes nations, petites nations, mots d'hier ; la plus grande nation, quels que soient son territoire et sa population, est celle qui assure aux hommes qui la composent la plus grande somme de bonheur possible ; c'est celle dont la voix doit compter le plus ; c'est la meilleure. Au moment même où nous naissions, d'autres sont nés près de nous, en Suisse, en Hollande, en Suède, qui n'ont pas connu les mêmes douleurs que nous ; dans des paysages qui valent bien les nôtres, ils ont pu réaliser leur destinée, élever leurs fils pour une vie meilleure : dira-t-on que leur patrie fut moins grande et moins bonne que la nôtre ?

Finie, la souveraineté nationale, telle qu'on nous l'enseigne encore aujourd'hui, la liberté pour un peuple de poursuivre ses destinées comme il l'entend, de s'organiser et de s'armer pour ces destinées, d'y subordonner les destinées des autres peuples. Charbonnier n'est plus maître chez soi ; charbonnier n'est plus maître d'incendier sa chaumière et de mettre le feu au village et à la forêt ; il n'est même pas maître d'accaparer le charbon et de condamner ainsi ses voisins au froid et à la faim, pour mieux spéculer, ou simplement pour leur jouer un mauvais tour. Les voisins le lui feront bien voir : ils refuseront de lui vendre du pain et des vêtements ; ils l'affameront ; ils le mettront au ban ; et, s'ils ne sont pas protégés par des lois supérieures contre les calculs du charbonnier, ils le tueront et pilleront son charbon : ce sera justice.

Le nationalisme, vision du passé qui eut sa grandeur, s'éloigne de nous. L'homme intelligent commence à comprendre que tout ce qui est international a maintenant plus de valeur que ce qui est purement national : un service international de chemins de fer ou de postes vaut mieux qu'un service national.

Un peuple n'est pas propriétaire absolu du territoire qu'il habite :

il le tient en fief de l'humanité, pour le bien commun de tous les hommes.

Au pays de la révolution française, chacun se plaît à dire qu'il aime la liberté ; longtemps il aima surtout la sienne, comme un privilège ; or aimer la liberté, c'est aimer celle des autres, des étrangers comme des Français. Aimer la patrie, c'est aimer et respecter celle des autres. Celui qui croit que sa patrie est supérieure à toutes les autres est sûrement un ignorant ou un niais.

La liberté individuelle a pour limite et support la liberté du voisin ; la liberté nationale a pour limite et support la liberté des autres nations. Aucune nation ne doit plus pouvoir invoquer sa souveraineté pour poursuivre ses destinées, en dehors du consentement des autres nations. Si l'ensemble des nations estime que la construction des sous-marins, ou la fabrication des gaz toxiques menace la paix de l'humanité, aucune nation ne doit plus pouvoir construire de sous-marins ou fabriquer de gaz toxiques. Chacun dit bien : « Je ne le fais que pour maintenir la paix ; *si vis pacem, para bellum.* » Nous avons vu où ces proverbes ont mené l'humanité : la course des armements nous a conduits fatalement à la guerre. Aucun de nous ne peut descendre dans la rue, les poches bourrées de grenades, parce qu'il craint de rencontrer au carrefour une brute disposée à lui flanquer une pile. Aucune nation ne peut plus invoquer sa souveraineté nationale pour s'affranchir du contrôle des autres nations sur tout ce qui peut compromettre la paix de l'humanité. Et notre conviction va jusqu'au bout du raisonnement : elle ne s'arrête pas aux armements; elle s'étend à toute la vie économique et à l'organisation politique intérieure. Un peuple n'a pas le droit, sous prétexte de souveraineté nationale de conserver une organisation politique ou économique qui serait un danger pour ses voisins.

Rêveries chimériques ? Non : âge nouveau naissant dans le sang des martyrs. La force spirituelle du christianisme a imposé, jadis, la trêve de Dieu aux violences de la féodalité qui étaient aussi les bouillonnements d'une vie nouvelle. La force immense des démocraties doit imposer aux nations la trêve de l'humanité, non plus une trêve de quelques heures à la fin de chaque semaine, mais la trêve de cent ans pour la reconstitution d'un âge meilleur. Nous voulons que le long dimanche de l'humanité commence : dans cent ans, si les peuples en ont encore envie, ils se jetteront les uns sur les autres.

Telle est, pour nous maintenant, la conception de la nation et de la patrie ; voilà les leçons de la guerre dans laquelle nous avons perdu les fils qui faisaient notre orgueil et notre joie : c'est pour cela qu'ils sont morts.

Nous croyons toujours à la patrie pour laquelle nous avons donné mille fois plus que notre vie ; nous croyons qu'elle restera longtemps encore l'incarnation de la solidarité humaine, la condition de tout progrès intellectuel ou matériel, l'instrument nécessaire de la vie individuelle ; mais nous sommes certains que l'amour de la patrie n'est plus un nationalisme agressif et haineux pour les autres patries et nous voulons que dans une Europe nouvelle, les raisons qui porteront un homme à habiter Nancy, Strasbourg ou Francfort soient à peu près du même ordre que celles qui le portent aujourd'hui à choisir entre Nancy, Lyon ou Bordeaux. Nous jugeons notre patrie, comme nous jugeons nos gouvernants. Cela cause assurément de l'émoi aux gouvernants ; leur droit divin est en jeu : *quanta cura* ! Mais ces messieurs n'incarnent plus la majesté de Dieu ou du peuple ; ils ne sont que les instruments de la nation qui n'est elle-même que l'instrument de nos vies individuelles ; il n'y a plus de syllabus des gouvernements et des patries et nous croyons que la République des Etats-Unis d'Europe, vers laquelle nous marchons inéluctablement, modifiera rapidement les conceptions étroites et dangereuses de la patrie.

Le devoir de la Nation envers l'individu. Le prix de la vie et le bonheur humain

La nation, instrument de vie pour l'homme, la patrie coopérative de bonheur humain, pour le civilisé, voilà comment les choses nous apparaissent.

« Le but de la société est le bonheur commun », disait la déclaration des droits de 1793 : pourquoi penserions-nous autrement que les ancêtres dont nous n'avons pu encore réaliser les plans ? De grands théoriciens n'ont pas eu d'autres visions. « Le but de la nation », a dit Lasalle, « c'est de réaliser la destinée humaine. »

La vie est un don magnifique ; la plus humble, avec ses espoirs, ses passions, ses douleurs sous les spectacles du ciel et de la terre, touche à l'infini. Vivre, regarder, à travers les saisons, la beauté des jours et des nuits, connaître, agir, créer, sortir la moisson du champ, le bateau du tronc d'arbre, la maison de la carrière ; créer à son tour de la vie ; avec l'amour d'un homme et d'une femme, faire une nouvelle existence qui peut être heureuse ; avoir tout éprouvé, les emportements de la jeunesse, les passions de l'âge mûr, l'orgueil des épreuves et des douleurs vaincues, les résignations et les apaisements de la vieillesse, destinée sublime des hommes ! Quand la puissance créatrice ne leur aurait donné que ces soixante ans de voyage sur la terre, elle mériterait toute leur adoration.

Chacun apporte vocation à une certaine somme de bonheur qu'il peut réaliser en luttant contre les forces hostiles : grande lutte de l'homme avec l'adversaire mystérieux qui compte les moindres fautes, mais qui paie l'enjeu quand l'homme a bien lutté ; lutte des titans contre les dieux ; légende sacrée de Jacob et de l'ange combattant dans la nuit : à l'aurore, Jacob n'était pas vaincu.

Dans cette lutte pour la conquête du bonheur, la plupart des hommes s'imaginent qu'ils luttent avec Dieu contre les autres hommes ; c'est avec les autres hommes, tous les autres hommes, qu'ils doivent lutter contre les forces mystérieuses que quelques-uns appellent le destin et presque tous, avec plus de raison, les Dieux. L'homme ne doit pas accepter la souffrance et le malheur comme les conditions normales de la vie et des sortes d'épreuves imposées par un juge supérieur. Dieu a donné à l'espèce humaine une certaine possibilité de bonheur qui doit être indéfiniment accrue par l'effort commun de tous les hommes; voilà le culte qu'il veut que nous lui rendions ; s'il punit quelque chose, c'est la bêtise avec laquelle l'humanité saccage cette possibilité de bonheur.

Au début de la course pour la vie, les forces des hommes seront toujours inégales. Nous savons bien que l'inégalité est la condition naturelle des hommes et nous ne poursuivons pas la chimère de l'égalité absolue. On peut admirer la rude conviction des Lillburn et mettre des rubans verts ou rouges à son chapeau ; les niveleurs n'ont pas de lendemain; le tyran peut, ce soir, abattre la tête des pavots : demain, le champ repoussera inégalement.

L'heureuse inégalité des génies humains est l'attrait de la vie. C'est pour conquérir à la sueur de son front cette féconde et glorieuse inégalité que l'homme est sorti des mornes splendeurs du paradis terrestre et, ce jour-là, Dieu commença d'estimer sa créature.

L'émulation des hommes fait le progrès de l'humanité ; celui qui gagne la partie, la gagne pour tous; mais, dans cette lutte pour le bonheur commun, ils se doivent, les uns aux autres, d'égaliser les chances au départ, autant que le permettent les conditions de la nature humaine : c'est le fair-play de la vie.

L'organisation de la vie sociale doit être telle qu'elle assure à tous ceux qui feront l'effort nécessaire un minimum de bonheur humain. C'est pour cela que nous devons être très fermement attachés à toutes les améliorations apportées au sort des travailleurs : loi de huit heures, repos hebdomadaire, semaine anglaise, congé annuel payé, assurances sociales, logements salubres, facilités d'instruction, culture de l'intelligence.

Aucun homme ne doit pouvoir dire à la fin de sa vie qu'il a été un déshérité. Il y aura toujours des manœuvres et des directeurs; la vie des uns sera toujours plus intense que celle des autres; mais la vie des manœuvres doit être telle qu'au soir de leur journée, ils puissent se demander si, tous comptes faits, elle n'a pas valu celle du directeur.

Déjà nous ne sommes plus si loin de cette nouvelle période de l'humanité. Ceux qui ont les poumons solides gagnent le prix de la course en une seule vie; ce sont les héros de l'humanité; elle les jalouse, mais elle les aime parce qu'ils suffiraient à justifier la vie. Pour la masse, la course est moins rapide : elle s'espace sur deux ou trois générations, sur les enfants et les petits-enfants; est-elle moins belle ? L'homme qui, avant de mourir, a vu s'élever les siens et les a poussés à de meilleures conditions de vie, est-il moins heureux que celui qui, d'un seul élan, a atteint le but ? Déjà cette possibilité existe pour la plupart des hommes; cette ascension leur est ouverte : l'homme d'équipe peut faire de ses fils des chefs de gare et de ses petits-fils des ingénieurs qui dirigeront le réseau; le fermier fait de ses fils des propriétaires et l'ouvrier des chefs d'usine; il est très peu de conditions dont on ne puisse sortir soi-même; il n'en est pas dont on ne puisse faire sortir ses enfants pour les mettre plus haut que soi. C'est là, avec le minimum de bonheur individuel, la vie normale et féconde d'une démocratie. Cette émulation dans la solidarité, la joie de la poursuite plus grande que celle de la conquête, le désir meilleur que la possession, sont les lois de l'espèce.

Jusqu'ici l'homme s'est montré plus habile à discipliner les forces de la nature que les forces humaines : Dieu paiera l'enjeu du bonheur à l'humanité quand celle-ci, abjurant définitivement la haine de Caïn pour Abel, mettra en commun toutes les forces des hommes pour vaincre toutes les forces de la nature; c'est alors que la bénédiction du sermon sur la montagne descendra vraiment sur la terre.

⁂

Nous n'attendons pas la vie de notre nation, disaient encore récemment les écoles : nous attendons d'elle seulement qu'elle empêche les autres de gêner notre vie.

Ce fier accès d'individualisme ne résiste pas au moindre examen de conscience. Nous attendons tous les uns des autres, une aide constante; à tout instant, nous avons besoin de quelqu'un; chacun, à la place où sa volonté et le hasard l'ont mis, travaille pour tous et tous travaillent pour chacun. Nous ne faisons pas cela pour la grandeur de Louis, de Guillaume, de Philippe, d'Edouard, de Napoléon, de Victoria, de Nicolas; nous le faisons pour l'homme qui sème et laboure près de la route, pour l'ouvrier qui revient du travail ou la marchande qui pousse sa voiture; on passe auprès d'eux ignoré et bienfaisant; ils ne vous ont pas vu;

mais demain, dans leur labeur, ils trouveront le secours de votre effort.

Le bonheur d'autrui est un élément de notre bonheur ; la façon dont chacun remplit son rôle est non seulement une condition du bonheur individuel, mais une fraction du bonheur d'autrui ; et cela dépasse singulièrement les frontières d'un pays ; car la nature a fait les hommes, tous les hommes de tous les pays, solidaires les uns des autres : le sentiment de cette solidarité est la religion de l'humanité ; elle monte à l'horizon ; tous les cultes n'en ont été que la préparation. Ainsi s'explique la déchéance des vies inutiles ; l'oisif le plus déterminé, ne peut traverser le labeur des autres sans éprouver une sorte de honte, avertissement significatif des conditions normales de la vie ; qu'il le veuille ou non, tout homme est l'agent, le fonctionnaire des autres hommes ; il doit travailler à leur bonheur, comme ils travaillent au sien.

Les services publics

Dans l'état social actuel, un grand nombre des services, que les hommes se rendent ainsi et qui seuls font la vie du civilisé, sont obtenus par des transactions individuelles : l'initiative de chacun en poursuit librement la réalisation ; encore faut-il que l'organisation collective permette, contrôle et au besoin sanctionne ces transactions. Mais il est certains services dont la nature, l'importance, la généralité les difficultés d'organisation sont telles que cette organisation nous paraît devoir être faite une fois pour toutes, au nom de la nation tout entière pour l'utilité de chacun de ceux qui la composent. Chacun de nous considère instinctivement que ces services lui sont dus par la nation, toutes les fois qu'il en aura besoin, dans des conditions uniformes et déterminées à l'avance. La nécessité, la généralité de ces services sont exprimées, dans notre langue, par ces mots : les services publics ; obscure expression que n'éclaire pas beaucoup le rapprochement des mots qui la composent. Pouvons-nous, du moins, en donner un commentaire précis et, par une énumération, limiter le domaine des services publics ? Nous ne le pouvons pas ; cette limite varie avec les nations et leur degré de civilisation.

Le domaine des services publics s'étend indéfiniment. Ses limites, pour chaque âge d'une nation, se trouvent dans les possibilités d'organisation pratique et dans l'évolution sociale de cette nation. Nous considérons aujourd'hui que distribuer de l'eau, du gaz, de l'électricité, aux habitants d'une ville est service public, que leur assurer au meilleur marché possible du pain fabriqué proprement, avec du bon blé, est affaire d'initiative privée ; demain, si les difficultés pratiques qui s'opposent et s'opposeront longtemps encore à l'organisation nationale de la boulangerie disparaissaient, nous soutiendrions avec beaucoup de raison que la distribution du pain, est comme celle de l'eau, un service public et nous nous étonnerions d'avoir cru si longtemps le contraire.

« Halte-là, disent certains sociologues : vous brouillez des notions élémentaires; il y a un domaine de l'organisation collective; la nation doit sans doute assurer l'ordre intérieur et extérieur, la justice, la police, les affaires extérieures, peut-être l'enseignement et quelques grands travaux publics; tout le reste appartient à l'initiative privée; elle s'en acquittera mieux que la collectivité. Pour toutes les entreprises qui dépassent les forces d'un homme, vous avez les sociétés financières. »

L'organisation des transports en commun montre la limite de l'initiative privée, dès qu'il s'agit d'un service public. On enseigne qu'il y a deux catégories de services publics; ceux de première zone, ceux qui sont incontestablement des services publics,ceux que la nation doit, parce qu'ils sont sa mission essentielle et les autres, tous ceux qui ont un caractère industriel, dont elle pourrait tout aussi bien ne pas se charger et qu'elle accomplit d'ailleurs souvent mal. Nous allons voir ce que le plus modeste effort de réflexion laisse debout de ces grandes théories. Si par l'artifice de Descartes nous faisions soudain table rase de toute notre organisation sociale, comment un Français, ainsi privé soudain de toute la force sociale par laquelle il vit, comprendrait-il la reconstitution de la nation; qu'exigerait-il d'abord ? Incontestablement, les moyens matériels de communiquer avec les autres hommes, des routes, des chemins de fer, des lignes télégraphiques, des services de navigation. Consultez les citoyens de toutes les classes : s'ils dégagent leur esprit de la gangue des préjugés ou de la scolastique, ces services de transports seront ceux qu'ils demanderont avant tous autres et ils auront raison, car l'organisation des moyens de communication est la condition nécessaire de toute vie intellectuelle et matérielle. Sa disparition entraîne l'effondrement de tous les autres services et l'existence de la nation est atteinte. Nous l'avons vu surabondamment en Russie et ailleurs. Ce n'est pas un vain propos de parler de retour à la barbarie lorsque le service des transports est désorganisé. La barbarie reviendrait avec promptitude si tout ce qui permet aux hommes de communiquer les uns avec les autres, de s'appuyer les uns sur les autres, leur était enlevé et si, par exemple, dans un cataclysme disparaissaient les routes et les chemins de fer, instruments et supports de la solidarité humaine. Justice, police, armée, tout, pour l'homme civilisé, passe après les transports; tout s'effondre si les transports ne sont pas assurés. Sans doute la nation doit nous protéger contre les malandrins et organiser l'arbitrage : mais si nous sommes perdus, loin de la police et du juge, à quoi nous sert la protection de la nation ? Voilà qui met au point les théories sur l'ordre des services publics et qui fait passer au premier plan le rôle économique de la nation et de la patrie, instruments de l'homme civilisé.

Quel que soit le nom donné à ce service des voies et moyens de communication, sa bonne organisation commande toute la vie sociale ; il est celui que le citoyen, privé soudain de toute la force sociale par laquelle il vit, demanderait d'abord à sa nation, comme première manifestation de la vie sociale. Et il dirait volontiers : « Commençons par là ; pour le reste, nous nous arrangerons toujours. »

Mais pourquoi demande-t-il cela à sa nation ? Pour la création de ces moyens de communication, ne peut-il, ne doit-il pas compter sur son initiative et celle de ses voisins qui ont comme lui besoin du même service ? Réfléchissons un peu : nous apercevons bien vite les bornes que la nature des choses met, en cette matière, à l'efficacité de l'initiative privée. Qu'il s'agisse de construire ou d'entretenir des routes, d'établir ou d'outiller des ports, de sillonner le pays de voies ferrées, de lignes télégraphiques, d'organiser le transport des lettres, nous voyons bien que ces travaux intéresseront plus ou moins de gens ; mais nous voyons aussi l'impossibilité de déterminer d'avance quels sont ces gens, dans quelle mesure, pour combien de temps, ils profiteront de ces travaux : personne n'en sait rien. Si, par aventure, quelque devin fixait le profit que tous, présents et à venir, doivent retirer du travail projeté et, par suite, la part qu'ils doivent prendre à la mise en train de ce travail et supporter dans la dépense, quelle puissance effective auraient ces intérêts épars et successifs pour mener à bien des travaux longs, coûteux, difficiles, dont la conduite exige avant tout l'unité de vues ; qui ferait la balance des intérêts en présence, qui arrêterait définitivement le projet à exécuter, qui dirigerait les travaux ?

Sauf dans des circonstances exceptionnelles, il ne faut donc pas compter sur l'association naturelle des intéressés pour entreprendre utilement ce genre de travaux. Quelqu'un ayant à la fois, la vision de l'avenir, l'unité de vues et la puissance financière doit intervenir, pour rendre aux hommes un service nécessaire à leur vie et à leur progrès.

Ce quelqu'un est trouvé, nous dit-on : adressez-vous aux sociétés financières. Permettre de vivre, faciliter la vie, c'est en effet rendre un service, le plus grand des services : tout service se paie. Les redevances versées en échange du service rendu peuvent être la base de combinaisons financières variées et fructueuses. Ne suffit-il pas alors de se fier au désir qu'ont les hommes de s'enrichir pour voir exécuter les travaux et rendre les services, condition primordiale de la vie sociale ?

Assurément, cet appât du gain à tirer d'un service public est une incitation à organiser l'exécution de ce service public; c'est là une forme ingénieuse de l'appropriation des sociétés à la vie individuelle; cette forme a rendu, elle continue à rendre, elle rendra longtemps encore de grands services ; elle est venue à son heure ; il serait vain de la condamner au nom de théories absolues. Les formes de la vie sont multiples et évoluent sans cesse; comme les autres celle-là n'est qu'une préparation de l'avenir ; dès qu'elle croît, elle porte, en elle-même, son germe de mort. Même dans les pays et au temps où l'exploitation du service public des transports par des sociétés financières a été le plus complètement pratiqué, on a toujours reconnu la nécessité de protéger, de coordonner, de surveiller toutes ces entreprises; on a toujours voulu dominer les redoutables coalitions qui, pour un nombre limité de concurrents, succèdent fatalement à une concurrence effrénée et ruineuse. Aucune nation ne peut admettre que le chaos et le souci de lancer des émissions soit le régime fondamental des voies de communication. Partout aujourd'hui, les sociétés financières chargées d'administrer les entreprises de transports en commun n'interviennent plus que comme déléguées de la nation pour rendre, sous un contrôle qui se fait de plus en plus étroit, moyennant une certaine rémunération qu'on cherche de plus en plus à tarifer et à limiter, aux hommes réunis en nation, l'un des principaux services que ceux-ci attendent de cette réunion. Comment nier l'antinomie qui se révèle bientôt, dans beaucoup de cas, entre le rôle d'une société financière et la conception que nous avons de l'utilité d'une route, d'un chemin de fer ou de la poste ? Un dividende peut-il être la mesure de cette utilité ? Certainement non : or la société financière n'a et ne peut avoir qu'un but : le dividende. Les facilités de vie que l'entreprise produit directement ou indirectement ne sont pas chiffrées en bilan des recettes.

Si nous nous en étions tenus à la seule initiative des sociétés financières, une grande partie des travaux les plus nécessaires à la vie sociale n'aurait jamais été exécutée. Les autres, conçus comme des entreprises de dividende, seraient promptement détournés de leur objet. Notre réseau de routes et de chemins n'aurait pas été construit, si le pouvoir central ne s'en était pas mêlé. L'expérience a été faite dans tous les pays. A l'étranger, dans les pays dits de liberté économique, les compagnies de chemins de fer ont cherché à accaparer quelques lignes à grands trafic, à en améliorer l'exploitation, à en augmenter le rendement et les dividendes ; elles ont hésité à se lancer dans la construction de lignes nouvelles nécessaires au développement du pays, mais dont les résultats problématiques risquaient de bouleverser le compte rendu aux actionnaires. Cela est de notoriété publique et cela ne pouvait être autrement : les sociétés financières ne sont pas des instituts philanthropiques.

Inévitable conclusion : puisque l'initiative des intéressés immédiats n'est pas assez ordonnée et assez puissante, puisque l'intérêt public peut se trouver en contradiction avec l'intérêt des compagnies financières abandonnées à elles-mêmes, seule, la nation, agissant au nom de l'ensemble des citoyens et pour la plus grande utilité de chacun d'eux, peut et doit organiser tous les moyens de communication entre les hommes.

Par quel procédé ? Par les meilleurs procédés empiriques que permettent les conditions politiques et économiques de la nation. Cela ne veut pas dire que celle-ci n'emploiera pas des sociétés financières ; mais cela signifie qu'en faisant appel à ces entrepreneurs pour la réalisation d'une de ses missions essentielles, elle reste comptable envers chacun de nous de la façon dont la mission sera remplie et garde constamment le contrôle que comporte cette délégation de fonctions.

Ne croyons donc pas les gens qui disent : il y a des services qui incombent au gouvernement, d'autres dont il s'est chargé abusivement et qu'il fait mal. Ces services dont on nous répète qu'ils n'appartiennent pas au gouvernement sont précisément ceux que nous lui attribuons en première ligne, lorsque nous réfléchissons un peu. Nous le couvririons des injures les plus méritées s'il ne nous procurait pas d'abord les moyens de communiquer avec les autres hommes. L'imperfection des services matériels que nous attendons de notre nation et que nous avons le droit d'attendre d'elle, fait les trois quarts des plaintes journalières qui pleuvent sur un gouvernement.

Extension indéfinie des services publics. La propriété individuelle

Cette conception positive du rôle de la nation par rapport à l'individu étend la notion de service public. La nation doit à l'individu tous les moyens de vie que comporte l'heure de la civilisation.

Les nations se classent suivant la façon dont elles remplissent ce devoir : la plus grande est celle où l'homme peut vivre le plus heureux.

Le progrès scientifique et industriel de l'humanité impose donc constamment à la nation des devoirs nouveaux envers les hommes : le gouvernement doit outiller, au mieux possible, chaque individu pour la vie ; c'est l'ancienne fée des berceaux ; il doit mettre, à portée de notre main, tous les moyens de gagner le prix de la vie, compatibles avec l'inégalité naturelle des hommes et les possibilités matérielles et financières de la nation à laquelle ils appartiennent.

Plus la civilisation se développera, plus nous attendrons des services de notre nation. Où s'arrêtera-t-on dans cette voie ? Nulle part et jamais.

La nation absorbera-t-elle donc toutes les énergies individuelles ? Non : elle les multipliera. Le constant développement de ses attributions sociales ne tend qu'à l'exaltation de l'individu par la puissance plus grande de l'association dont il fait partie.

La société est un instrument indéfiniment perfectible de perfectionnement individuel. La coopération des individus à un même but, la conquête du bonheur pour chacun d'eux, cette tontine de bonheur, la suppression des intermédiaires et des parasites, l'accroissement des associations, l'extension de leurs cercles concentriques jusqu'à la nation et bientôt au delà de ses frontières, sont des lois inéluctables comme la substitution de la mécanique moderne à l'ancienne. S'en épouvanter est enfantin ; nous avons lu, dans notre jeunesse, des poèmes où l'on opposait la splendeur du travail humain à la brutalité des machines agricoles : que reste-t-il de ces puérilités ?

Par des hypothèses arbitraires, n'opposons donc pas le dogme de l'initiative privée au développement des services rendus par la nation : ce serait opposer le bras à la machine, les procédés des constructeurs des Pyramides à ceux de nos ingénieurs. Ces jeux falots de l'esprit peuvent amuser ou importuner ; ils n'arrêtent pas la vie.

Avec le congrès d'Eisenach, nous considérons que l'unique but de chaque nation, de chaque gouvernement, c'est de faire participer, à tous les biens de la civilisation, matériels intellectuels et moraux, une fraction de plus en plus nombreuse du peuple.

Nous venons de reconnaître l'inanité de la distinction entre les services publics, les politiques qui seraient un devoir de la nation, les économiques, dont elle aurait tort de se charger : précisément, ce sont les économiques auxquels nous songeons d'abord quand nous cherchons à reconstituer la société des hommes ; nous voyons très bien que ceux-ci ont dès maintenant passé les frontières : ils mettent peu à peu la terre sous la main de chaque homme, comme elle était en image dans la main des empereurs romains. Plus ils s'étendent, plus ils mélangent les nations ; plus ils deviennent des instruments de paix et de civilisation. C'est par leur extension, en quelque sorte horizontale, que se prépare efficacement la Société des Nations et le triomphe de l'homme sur les forces de la nature. Quand ils seront devenus vraiment des services publics internationaux, les nations seront tellement enchevêtrées qu'elles ne pourront plus se dépêtrer pour se jeter follement les unes sur les autres.

En ce sens, tout ce qui travaille à la permanence, à la régularité, à la clarté, à l'extension de ces services, travaille à la paix du monde.

Mais si nous reconnaissons qu'il faut une certaine organisation rationnelle, pour les services économiques, croit-on qu'elle soit moins nécessaire pour les services dits politiques ? Parce qu'en désespoir de cause et ne pouvant imaginer comment on confierait ceux-ci à des sociétés financières, on veut bien les laisser à la nation, croit-on qu'il ne faille pas chercher à leur assurer les qualités dont on assure que les sociétés financières sont le temple.

On trouve qu'il faut de l'ordre, de la méthode, de la persévérance, de l'honnêteté pour les téléphones et les tabacs et cela n'est pas douteux. En faut-il moins pour la police, l'instruction publique, les affaires extérieures, la justice ou l'hygiène ? Dans ces affaires-là, pouvons-nous nous donner toute licence de patauger à qui mieux mieux ?

Qui prend la peine de réfléchir s'aperçoit bien vite qu'il n'y a pas deux sortes de conceptions pour les services publics, les uns que nous devrions organiser avec soin et logique, les autres que nous pourrions abandonner aux improvisations. Partout, nous voulons les mêmes garanties, pour les services qui touchent à l'existence de la nation, comme pour ceux qui concernent les commodités de sa vie journalière ; sous nos yeux, se dessine le rapprochement : on demande de plus en plus que les administrations, dites d'État, prennent la souplesse et les méthodes des entreprises industrielles : on admet de moins en moins que les services économiques de la nation échappent à son contrôle. La fusion entre les deux systèmes inaugurera une étape nouvelle dans l'organisation des démocraties.

⁂

Cette mise en commun de tous les moyens de la vie conduira-t-elle au sacrifice définitif de la propriété individuelle ?

De quel cœur léger nous le ferions, s'il devait contribuer à l'amélioration de l'humanité ! Mais il est matériellement impossible : nous voudrions le faire qu'il demeurerait vain.

On peut supprimer tous les propriétaires : d'autres propriétaires leur succéderont. Un tremblement de terre peut détruire la ville ; des hommes fous de colère ou de douleur peuvent y mettre le feu ; si les habitants survivent, ils la reconstruiront. Ses rues seront peut-être plus larges et plus droites ; elle aura perdu les trésors du passé qui faisaient son charme et sa grandeur ; elle sera toujours la ville habitée par des hommes.

On ne peut pas plus détruire l'instinct de la propriété individuelle qu'on ne peut détruire l'instinct social : ils sont les conditions mêmes de la vie humaine.

Depuis quatre mille ans, tout l'effort humain tend à la libération de l'individu. Penseurs, prophètes, philosophes, poètes, civilisateurs, conquérants des mondes nouveaux, tous ont aux lèvres le mot de liberté ; c'est le premier mot qu'a crié la plus grande révolution des temps modernes. Or quelle est la manifestation de la liberté à laquelle l'humanité est le plus attachée; que, depuis les temps les plus reculés et sur toute la surface de la terre on a toujours considérée comme le signe certain, le support nécessaire de l'affranchissement humain ? L'appropriation individuelle et la liberté d'employer à sa guise les fruits de son travail.

Le plus désespéré des prolétaires ne désire l'amélioration de son sort que pour pouvoir posséder et jouir à son tour ; c'est une gageure de soutenir que l'humanité tout entière s'est trompée et qu'il convient de refaire l'homme sur de nouveaux plans.

Certes, bien des choses nous choquent dans la propriété individuelle : la façon injuste, dont elle est souvent acquise : l'exagération des droits absolus encore reconnus au propriétaire. Mais que dirions-nous de celui qui se coupe les deux jambes parce qu'elles ne l'ont pas toujours mené dans le chemin de la vertu et de l'honneur !

Des biens encore soumis à l'appropriation individuelle y seront sans doute bientôt soustraits. Le domaine des exploitations gérées par la nation dans l'intérêt de tous s'étendra fatalement ; il absorbera peu à peu des industries et des commerces laissés aujourd'hui entièrement à l'industrie privée. Peut-être même, plus tard, sans expropriation violente, par la croissance et l'extension de sociétés coopératives, une partie de la terre pourra-t-elle effectivement, conformément aux anciennes théories royales, revenir à la nation ? Aucune de ces éventualités prochaines ou lointaines n'est en contradiction avec ce que nous savons.

L'objet et les conditions de la propriété se transformeront, sans aucun doute : de plus en plus, le droit de propriété perdra son caractère excessif, le *jus utendi et abutendi*, pour devenir une sorte de concession ou de fief que, moyennant servitudes et redevances, on tiendra de la collectivité, non seulement dans un intérêt particulier, mais aussi pour l'intérêt général. Le principe même de la propriété subsistera ; un infranchissable abîme séparera toujours ceux qui veulent développer la notion des services publics et régulariser l'exercice du droit de propriété de ceux qui prétendent détruire dans le cerveau des hommes une fibre essentielle de l'activité humaine. Aussi loin que nous puissions apercevoir dans l'avenir, la propriété individuelle reste une condition de la civilisation.

Influence de la guerre sur la notion des services publics

La guerre a-t-elle développé cette notion utilitaire des services publics et montré la nécessité permanente de nouveaux services ?

Pendant la guerre on a organisé des services nouveaux : usines de guerre, ravitaillement, flotte marchande ; le fonctionnement des services normaux a été profondément modifié, soit d'après une législation préexistante, établie en prévision de la guerre, par exemple pour les chemins de fer, soit d'après les suggestions du moment : navigation intérieure, ports maritimes.

On a voulu, un instant, joindre la mobilisation civile à la mobilisation militaire et organiser militairement tout le travail national ; cette proposition a été écartée ; mais on a institué un régime de réquisitions civiles, à côté des réquisitions militaires, pour intensifier les productions indispensables et assurer une équitable répartition des produits ; on a chargé des comités communaux d'action agricole de poursuivre la mise en culture des terres abandonnées ; l'administration de l'agriculture a été autorisée à prêter son concours à l'exécution des travaux de culture. On a créé des services de presse, des services de propagande ; on a envoyé des missions à l'étranger.

Cet effort des civils, en dehors des limites ordinaires de leur activité et de l'organisation normale des services publics, a peut-être contribué au salut de la France. Mais aussi, dans ces improvisations, combien de confusion, de gaspillages, de doubles emplois, de mesures imprudentes qui pèsent encore sur nous ! Ceux qui ont vu de près ces années redoutables savent que, malgré l'état squelettique des vieilles administrations, c'est encore là qu'on a trouvé les meilleures garanties de compétence et de sécurité. La liquidation pénible de la plupart de ces entreprises a confirmé la nécessité d'une organisation rationnelle, permanente, des services publics.

Que reste-t-il de cette poussée de la guerre qui avait fait éclater les cadres des services civils ? En apparence, peu de chose. A part les services de liquidation de la guerre (régions libérées, pensions, sépultures militaires) très peu de modifications dans les cadres généraux de 1923, comparés aux cadres de 1914. Cinq ans après cet immense bouleversement, nous sommes à peu près rentrés dans l'almanach national de 1914, dont personne ne pouvait penser qu'il fixât une organisation idéale : quelques services ou offices nouveaux (aviation, forces hydrauliques, services des essences et pétroles, office des pêches maritimes, office des recherches scientifiques) qui viennent moins de la guerre que des progrès scientifiques et dont plusieurs, encore très rudimentaires, ne sont que le développement d'anciens bureaux.

Mais, au delà de ces apparences immédiates, la guerre a laissé le germe d'extensions prochaines des attributions de la nation. Elle a démontré l'insuffisance du contrôle sur beaucoup d'initiatives privées. Des associations ou des corporations échappant non seulement à l'action, mais même aux regards des agents de la nation, pouvaient avoir des intérêts, une politique, que personne ne suivait et qui cependant conduisait à des complications et à des aventures.

Nous n'en sommes pas à vouloir mettre la haute main sur des entreprises qui resteront encore longtemps du domaine de l'initiative privée et à tout transformer en services publics ; mais déjà nous voulons sortir de l'ignorance où nous sommes et être informés, ne fût-ce que pour prendre au besoin certaines mesures, appuyer les réclamations justifiées des industriels ou ne pas les suivre à la remorque, sous prétexte d'intérêt national, si leurs réclamations sont imprudentes.

La vie des Anglais, des Français, des Allemands, ne peut pas dépendre des rivalités ou des arrangements de quelques groupes métallurgiques miniers ou financiers sans que nous connaissions même ces arrangements.

De nombreux avatars, pendant la guerre et depuis, nous ont avertis que nous et nos enfants nous pouvons être l'enjeu de ces combinaisons et que, entre les doigts des hommes d'affaires, comme entre ceux des rois et des empereurs, nous sommes des jetons. Gagnons-nous maintenant à être du matériel humain pour des capitaines d'industrie, après l'avoir été pour des rois de droit divin : cela n'est pas certain. Au moins, le roi de droit divin n'était pas un anonyme : au bout de ses fautes il trouvait l'assassin ou le bourreau. La responsabilité d'un comité d'industriels est moins précise, et moins efficace ; son pouvoir peut aussi nous mener aux abîmes. Nous avons proscrit le droit divin ; nous savons où conduit l'homme de génie et ses ersatz ; nous ne croyons plu à la souveraineté du peuple : ce n'est pas pour nous courber sous la domination des puissances industrielles et leur permettre de malaxer les peuples au gré de leurs intérêts. La guerre et ses suites nous ont révélé la nécessité, non seulement d'un contrôle permanent et qui doit être de plus en plus actif, sur toutes les forces industrielles qui font la vie économique d'une nation, mais aussi d'une série de réglementations enfermant les tractations privées dans des limites qui, il y a dix ans, auraient paru abusives. Je ne citerai qu'un exemple : la taxation des loyers.

Enfin, nous voyons bien qu'il y a beaucoup trop de petits commerces, de petites industries, de petites professions dans lesquelles s'étiole et s'use l'activité des hommes, comme dans la pénombre malsaine des souks levantins. De grandes concentrations, qui feront des vies plus heureuses et plus faciles, se préparent : la nation doit les favoriser, mais aussi les surveiller.

La liberté des initiatives privées dans un cadre rudimentaire fourni par la nation, ne suffit donc plus à assurer la vie sociale ; une poussée de plus en plus forte oblige le gouvernement de la nation à intervenir, à contrôler, à coordonner, à diriger les initiatives privées. Cela nous crève dès maitenant les yeux ; c'est un fait qui jette bas tous les plus beaux raisonnements : ne perdons pas de temps à le regretter : tâchons d'en voir seulement les conséquences.

CHAPITRE II

L'organisation de la force administrative dans une démocratie

Les conditions générales d'organisation des services publics

Puisque, inéluctablement, ce que nous appelions jadis l'État, est conduit à un contrôle de plus en plus étendu de la vie nationale, que faire pour nous assurer les garanties nécessaires, tirer de ce contrôle ce qu'il doit donner, réaliser les fins de la nation et procurer, à chacun de nous, le maximum de moyens de vie correspondant aux conditions générales et individuelles ?

Que faire : ce que nous faisons lorsque nous voulons réussir une entreprise personnelle : y mettre ordre, préparation, méthode et constance.

Cela s'applique à tous les services publics, aussi bien aux politiques qu'aux économiques : aussi bien à ceux qui ne sont encore qu'un contrôle, qu'à ceux qui nous apparaissent comme une fonction normale du gouvernement ; aussi bien à ceux qui sont en préparation, qu'à ceux qui sont en pleine action.

Partout l'intervention de la nation pour le bien des individus doit se manifester avec ordre, avec méthode, en fonction d'une certaine politique mûrement réfléchie et résolument poursuivie à travers les défaillances des hommes.

Chaque service public, qu'il soit en plein développement ou seulement en germe, doit avoir sa politique. Cette politique ne saurait être le résultat d'improvisations : sans doute elle ne peut être arrêtée définitivement que par les représentants de la nation ; mais elle ne peut pas être étudiée et préparée par eux.

Par des confusions de mots qui nous ont joué les plus mauvais tours, nous croyons encore que la politique des services publics ne peut sortir que du cerveau des hommes politiques : elle doit être jugée par eux ; elle ne peut pas être forgée par eux ; elle exige une compétence, une permanence, de longues préparations, un dévouement désintéressé, qu'ils ne peuvent pas avoir.

Notre esprit s'affranchit des notions hiératiques qui faisaient de nous les serfs d'un homme, d'un régime, ou d'une patrie.

Les services publics sont faits pour les individus ; mais ce n'est pas dans la mêlée des intérêts individuels que nous pouvons organiser ces moyens de notre vie. De la mêlée, sort une opinion commune apte à les juger, non à les organiser.

L'opinion commune, quand on lui apporte un dossier solidement préparé, bien défendu, peut discerner l'intérêt public, dans le choc des intérêts individuels et s'y ranger ; ce n'est pas elle qui fera impartialement le dossier et le suivra.

La délimitation des services publics

Nous venons de reconnaître que l'action, dans la vie sociale, doit appartenir à une force permanente, aménagée avec un soin extrême ; que la vie individuelle de chacun dépend de cet aménagement rationnel ; qu'il commande, dans une large mesure, notre bonheur ou notre malheur. Notre tâche essentielle est donc d'organiser cette action, de créer, par les procédés les plus sûrs, cette force supérieure appelée, sous le contrôle du nombre, à conduire les hommes vers leurs destinées.

Pour donner aux Français cette armature de leur vie individuelle nous devons d'abord fixer rationnellement la liste des services publics et le domaine exact de chaque service. L'efficacité et l'utilité du service public dépendent, dans une très large mesure, de ce premier effort d'organisation ; il n'a jamais été fait sérieusement en France.

Chaque industriel apporte le plus grand soin à bien organiser sa maison ; son génie se révèle dans cette organisation ; la prospérité de son établissement en dépend. Nous avons agi, pour l'organisation de la République, comme si l'effort de raisonnement par lequel chacun tâche de combiner au mieux sa vie et ses affaires privées était tout à fait inutile pour les affaires publiques. Des installations de fortune nous ont suffi. A travers les tractations qui ont accompagné ou suivi la formation de cinquante ministères en cinquante ans, les choses se sont arrangées comme elles ont pu. Certains services ont flotté à l'aventure, d'un ministère à l'autre et dans le même ministère, d'une direction à l'autre, comme si cela n'avait aucune importance. D'année en année, l'almanach national a figé ainsi des conceptions successives et souvent contradictoires. Chacun a eu son idée et par quelque arrangement nouveau a voulu marquer son passage : les uns ont fait des divisions géographiques ; d'autres, des divisions analytiques ; d'autres, des divisions synthétiques. Les hommes politiques ont traité les administrations, comme des troupes confuses d'individus, plus ou moins bien intentionnés, mis à leur disposition et devant faire au commandement des à droite ou des à gauche.

Tantôt nous avons eu des directeurs pour un service public; tantôt nous n'en avons pas eu; tantôt nous avons eu des sous-secrétaires d'État et tantôt nous n'en avons point eu.

A tant d'arrangements différents, on ne trouve, après coup, aucune autre raison appréciable que des considérations de personnes, des combinaisons intéressées de politiciens ou de bureaucrates, l'équilibre des services sur le papier, parfois le simple hasard.

Chaque nouveau ministre annonce, le soir même de son avènement, qu'il va donner aux services publics une constitution nouvelle et bien mieux arranger les choses que ses prédécesseurs. Plusieurs mois après, son successeur, qui ne se croit ni moins avisé, ni moins bon patriote, veut aussi laisser sa marque.

Ainsi d'arrangements en arrangements, nous avons prodigieusement augmenté le nombre de nos fonctionnaires et engagé des centaines de projets, sans mener aucun à terme.

Cette constitution des services publics, de tous les instruments de vie, dont chacun de nous a besoin, leur liste exacte, pour un moment donné de la civilisation et de la culture d'un peuple, leur classement par ministère, leurs limites, leur domaine, leur objet, leurs cadres, ne sont pas affaires d'improvisations ou de tractations dans une combinaison ministérielle ; c'est une affaire capitale qui est à la base de toute l'organisation sociale. Cette délimitation préalable et méthodique des services publics doit être réalisée avec une logique inlassable, impitoyable pour les formules du passé, le gonflement actuel des attributions, les questions de personnes, elle doit tout embrasser, aussi bien les services nouveaux que fait germer le développement de la démocratie, que ceux qui ont toujours été considérés comme l'attribution normale du gouvernement ; aussi bien ceux qui comportent une administration active sur toutes les parties du territoire, que ceux qui n'exigent par leur nature ou les conditions actuelles de notre organisation, qu'un état-major coordonnant, disciplinant les initiatives privées et préparant l'avenir.

Ce premier travail est l'attribution essentielle des élus du peuple dans l'établissement de la loi de finances ; c'est à ce moment qu'ils doivent discuter avec une attention extrême et fixer la constitution de chaque service public.

Dans cette tâche, ils doivent être dominés par trois préoccupations : 1° Déterminer très nettement la liste, l'objet et les limites de chaque service public; 2° Ne pas mettre sur les épaules de ceux qui dirigeront effectivement les services et qui, par conséquent, doivent en être responsables, une charge surhumaine ; donc proportionner chaque service public et ses cadres supérieurs aux forces normales des cervelles directrices; 3° Grouper les services publics de façon à en assurer le contact et la coordination ; créer au besoin les liaisons nécessaires.

Tout cela est affaire de méthode, de réflexion et de bon sens ; tout cela ne peut être fait que par le Parlement, puisque lui seul a qualité pour dire, en notre nom, comment nous entendons que nos moyens de vie individuelle soient organisés et quel argent nous y voulons consacrer. Nous avons le droit de penser que la besogne pourrait être faite aisément, à la satisfaction de la nation, par le parlement, s'il voulait bien s'y mettre avec quelque application, sans qu'il soit nécessaire de recourir à des procédures extraordinaires, peut-être dangereuses et tout au moins anormales ; mais jusqu'ici nous n'avons pas trouvé cette application ; l'avons-nous jamais demandée sérieusement ?

Les chefs administratifs des services publics. — Leurs attributions normales. — Les qualités que nous devons trouver en eux

Lorsqu'un simple citoyen avec les moyens restreints d'information dont il dispose, veut essayer cette reconstitution rationnelle des services publics qu'un Français attend actuellement de sa nation, il n'arrive pas à plus de quatre-vingts services publics. Quatre-vingts services publics en y comprenant tout, non seulement les services intérieurs, mais les extérieurs, les métropolitains et les coloniaux, les politiques et les économiques, les principaux et les annexes, les ambassades qui sont ou devraient être les directions des services extérieurs, les gouvernements des colonies et des établissements financiers.

Quatre-vingts services publics, cela fait quatre-vingts chefs à trouver et c'est à cette nécessité de quatre-vingts chefs, nous donnant toute sécurité, qu'aboutissent nos raisonnements.

La nécessité de chefs permanents, responsables de la direction de chacune de ces grandes entreprises, est certaine : elles ne peuvent pas être régies par d'autres règles que les entreprises privées.

Nous n'avons pas la superstition de la supériorité congénitale du chef : nous savons tous parfaitement que des milliers de gens sont, par leur courage, leur intelligence, leur droiture, aussi dignes des premières places que ceux qui les occupent ; la vie et ses hasards ont poussé les uns plus haut, les autres plus bas ; tous, dans une démocratie, sont des associés ; aucun ne doit être considéré comme un maître, aucun comme un serviteur ; chacun, lorsqu'il exerce ses fonctions, représente, en quelque manière, dans les limites de cette fonction, toute l'autorité de la nation.

Tout cela est incontestable ; cependant il faut que les uns dirigent, et que les autres soient dirigés ; car toute entreprise, qui n'obéit pas à une direction énergique et responsable, périclite et périt.

C'est une absurdité de dire que la démocratie ne peut se concilier avec l'autorité. La démocratie a plus besoin de cadres solides qu'une monarchie. Une monarchie trouve naturellement ses cadres dans ses traditions et ses préjugés. Une démocratie doit constamment créer ses cadres et les renouveler ; personne ne prétendra qu'elle peut le faire avec des élections.

Elle doit mettre à la tête de chaque service public un chef très bien préparé à son métier et s'imposant à tous par ses qualités intellectuelles et morales ; ce chef doit croire à sa mission ; il doit avoir tous les pouvoirs que comporte sa fonction ; ses subordonnés doivent croire en lui ; ils doivent voir chaque jour qu'il méritait sa place. C'est du sens commun ; toute entreprise industrielle, qui procéderait autrement, ferait faillite : pourquoi croire que nous pouvons agir en dépit du sens commun, quand l'entreprise devient un service public ?

⁂

Que doit faire le directeur d'un service public ? Ce que fait le directeur d'une entreprise industrielle. Comme un directeur d'entreprise industrielle est responsable devant son conseil d'administration et le président de ce conseil qui représentent l'ensemble des actionnaires, ainsi le chef d'un service public doit être seul responsable de l'exécution du service public devant le ministre, le parlement et la nation. Nous découvrons cent raisons de nous conformer à la rigueur du raisonnement, aucune d'y échapper.

En conséquence, le chef d'un service public doit avoir tous les pouvoirs que comporte sa responsabilité sans laquelle il n'est pas, il ne peut pas être de bonne gestion du service public et le plus essentiel de tous les pouvoirs, la nomination et la révocation des agents du service. Il ne faut pas qu'à aucun moment, il puisse dire : « Le service ne marche pas parce que je n'ai pas pu choisir mes collaborateurs ; tel ministre m'a imposé le cousin de sa femme ou le mari de sa maîtresse. » Même pour le choix et la composition du personnel supérieur, choix sur lequel doit s'exercer nécessairement le contrôle souverain du ministre, le chef du service doit conserver une grande liberté. Mais il commettra des abus ! Moins qu'on ne pense, puisque tout cela ne se fera pas sans approbation du ministre, contrôle du parlement et vote de crédits ; à tout prendre, les abus seront moins dangereux que le mélange de fantaisie dans les choix et de stagnation dans les cadres auquel nous avons abouti.

Nous avons en France le goût des systèmes d'idées : ils flottent au-dessus des réalités, comme les nuages au-dessus de la terre. Les idées, il faut toujours, pour les éprouver, voir avec quels hommes on les réalisera. Elles ne valent pas par rapport à l'absolu ; elles valent par rapport à ceux à qui il faudra bien s'adresser pour mettre les systèmes en pratique. J'ai entendu jadis, avec stupeur, certains directeurs de grands services dire qu'ils n'aimaient pas les questions de personnel ; avec quoi donc pensaient-ils mener les chemins de fer, l'enseignement, la police ou les ports : avec des feuilles de papier et des caractères d'imprimerie ? Les bons services publics, ce sont des hommes qui agissent énergiquement et non des circulaires, des proclamations, des toasts, des règlements.

Tout nous crie que le service public ne peut être bien mené que si nous mettons à sa tête un technicien honnête, dévoué et responsable. Si nous voulons que ce technicien soit vraiment responsable, donnons-lui le choix de son personnel. Il est directeur ; donc, il doit diriger et ne pas rester un intermédiaire, ou même un garde-chiourme placé là par un ministre, en passant ; il ne doit pas représenter le ministre vis-à-vis du service public, mais bien le service public vis-à-vis du ministre.

Partout, en toute circonstance, il doit appliquer ses idées et non celles des autres, élaborer et discuter ses programmes, et non ceux des autres ; il doit être celui qui, devant le pouvoir politique et la France entière, a la charge réelle de service public.

Ce ne sont pas les trente-cinq ministres des travaux publics qui se sont succédé depuis trente-cinq ans, qui doivent être responsables de la condition des chemins de fer, des ports maritimes ; c'est le directeur des chemins de fer et le directeur des ports qui, seuls, doivent être loués ou blâmés suivant les cas, à moins que le ministre des travaux publics, ne se soit publiquement substitué à eux dans la décision.

C'est le directeur général de l'enseignement supérieur qui doit être en principe l'organisateur du régime des universités et non le ministre de l'Instruction publique.

Le service de l'hygiène publique ne commencera à exister en France que lorsque nous saurons clairement que c'est un certain hygiéniste choisi à raison de ses travaux, de sa haute compétence et de ses qualités d'action, qui est le chef responsable de l'hygiène publique, celui à qui nous avons à demander des comptes et non, au hasard des élections, un avocat ou un journaliste.

***

Le chef de chaque service public doit préparer et présenter lui-même, sous sa signature et sa responsabilité, le programme, le budget et toutes les mesures concernant l'organisation, le recrutement et les cadres de son service

Le programme réfléchi, arrêté après une longue et patiente étude, le programme s'étendant sur plusieurs années, fixant, pour une longue période, la marche et le développement du service, ses moyens d'action, ses ressources en argent et en personnel, qui peut l'établir et le suivre, si ce n'est le chef de service ?

Tous ceux qui ont étudié de près les services publics restent frappés de l'absence de méthode et de plan ; tous les systèmes sont successivement expérimentés, aucun n'est poussé à fond. Dans ces tentatives désordonnées, nous gaspillons les hommes et l'argent.

Les politiciens reconnaissent bien que des programmes sont nécessaires ; mais ils affirment que ces programmes doivent être arrêtés périodiquement et en bloc, par le parlement. Un observateur impartial constate que cette façon d'arrêter les programmes des services publics est presque toujours une fâcheuse aventure. Je ne parle pas seulement des grands programmes lancés avec une hâte dommageable pour les finances publiques et dans lesquels un jeune ministre râcle les fonds de tiroirs, pour donner l'impression d'une puissante intelligence. Fussent-ils préparés avec la plus grande sagesse, des programmes de cette nature ne doivent pas être votés en bloc par un parlement. Fatalement, une sorte de moyenne s'établit alors entre les différentes parties du territoire ; ainsi, dans le vote d'un réseau départemental d'intérêt local, les représentants des divers cantons, au nom de ce qu'ils appellent eux-mêmes la justice distributive, s'accordent réciproquement des lignes qui pourraient être ajournées sans le moindre inconvénient. Lorsqu'un programme de ce genre a été arrêté et voté, c'est fini ; s'aperçût-on, un an après, qu'on s'est lourdement trompé, impossible de revenir en arrière. Les populations, les représentants réclament l'exécution de ces travaux auxquels ils considèrent qu'ils ont maintenant des droits acquis ; dès qu'un projet a été mis à l'enquête, quelque chose en passe toujours ; en quelques semaines d'improvisation, un pays est surchargé pour de longues années d'une masse de travaux inutiles.

Ne pas avoir de programme est insensé : un service public ne peut pas vivre au jour le jour, comme un marchand des quatre saisons. Mais croire que les programmes sont l'affaire du pouvoir politique et que les administrations n'ont qu'à les exécuter, c'est méconnaître la nature des choses.

Le programme réparti sur plusieurs années, la fixation du but à atteindre et des méthodes à employer pour y parvenir, cela doit sortir de la tête du chef du service public et y être constamment en voie de gestation et de transformation, si les circonstances l'exigent.

Le ministre décidera sous sa responsabilité si l'on passera à l'exécution et si l'on engagera les procédures nécessaires ; le parlement votera ou ne votera pas les crédits. Nul autre que le chef de service, sous sa responsabilité, ne doit avoir l'initiative du programme et de ses modifications; il n'est pas un tâcheron, il est le capitaine de cette grande industrie ; c'est lui qui fait le point pour conduire aussi rapidement et aussi sûrement que possible le navire vers l'amélioration de la condition humaine.

C'est lui aussi, qui, toujours sous sa responsabilité, doit préparer, présenter et défendre le budget de son service.

Chaque service public doit avoir, autant que possible, un budget distinct, présenté au pouvoir politique et à la nation, de la façon la plus claire et la plus saisissante. Par comparaison d'une année à l'autre, le pouvoir politique, dont c'est l'une des missions principales, doit être mis en mesure de juger facilement la gestion du service public et, rapprochant les dépenses des résultats obtenus, de se prononcer sur la valeur de cette gestion. Mêler la comptabilité et le budget de plusieurs services publics rend difficile l'établissement de comptes industriels, élément important de bonne gestion pour chaque service public. Par l'obligation même où il se trouverait d'accuser chaque année les résultats de sa gestion, le chef de service serait poussé dans la voie des responsabilités ; il ne pourrait plus se contenter de considérations générales et théoriques sur l'utilité des dépenses qu'il engage, puisque chacun verrait facilement, en fin d'exercice, le bilan de l'opération.

Partout où le service public le permettra, il faut développer la notion d'office national avec autonomie budgétaire et poser le principe que les services industriels de la nation doivent, dans la plus large mesure, vivre et se développer avec leurs propres recettes; il faut leur assurer la faculté de faire des économies, leur procurer ainsi des ressources pour payer les dépenses futures. Il est inexact de dire qu'alors on ne pourra plus suivre la gestion des services publics ; le parlement la suivra aussi bien et même mieux, parce qu'il la lira plus facilement et avec plus d'intérêt. L'hégémonie du ministère des Finances peut en être atteinte, mais dans ce qu'elle a de tyrannique et dangereux, non pas dans ce qu'elle a de nécessaire. Il est facile de sauvegarder le contrôle du ministre des Finances, tout en procurant aux services publics une gestion industrielle.

En résumé, organisation du service, recrutement du personnel, préparation du budget et des programmes, voilà la tâche normale de chaque chef de service public; à nul autre que lui, elle ne peut être confiée; pourquoi ; parce que le bon sens et la nature des choses l'exigent ; parce que si elles agissaient autrement, les entreprises privées feraient faillite et parce que nous ne voyons que trop que les entreprises politiques, comme les privées, font faillite quand elles sortent des règles du bon sens.

∴

Nous voulons des hommes sains et habiles pour préparer, organiser, conduire ces instruments de notre vie individuelle que nous appelons des services publics et dont nous voyons bien qu'ils vont aller constamment en se développant.

Des hommes sains et habiles, c'est-à-dire parfaitement honorables, compétents, dévoués. Ces trois vertus théologales, nous les exigeons à tous les degrés des services publics ; pourquoi pas, à la tête ?

L'honorabilité absolue, active, non pas seulement celle qui se détourne des opérations louches, mais celle qui les traque ; celle qui gouverne la vie privée, comme la vie publique, le mariage, comme le reste : les sottises de la vie privée réagissent toujours sur la vie publique. Quoi, même le mariage ? Oui, nous en sommes là ; le mariage, comme le reste. Nous trouvons que c'est une gageure de porter aux premières places un homme qui, à raison de sa vie privée, ne pourrait pas rester six mois juge de paix de canton ou instituteur d'une commune de cinq cents habitants ; prurit de morale supérieure : non ; obligations pratiques de la vie moyenne pour un certain moment d'une nation. Les mœurs coutumières imposent des conditions de vie ; ceux qui vivent en marge de ces conditions ne sont pas faits pour diriger les autres ; les libertés qu'ils prennent leur enlèvent l'autorité nécessaire, les gênent et troublent leur jugement. Ce n'est pas seulement au temps des rois que, nous autres Français, avons payé cher les erreurs privées des gouvernants ; toute l'indulgence qu'on doit avoir pour elles dans le commun de la vie n'a rien à voir avec la bonne organisation des services publics. Quand les gens s'offrent pour diriger les autres, c'est d'abord sur leur vie privée que nous devrions les juger : on ne nous persuadera jamais qu'un homme qui s'est conduit comme un serin, dans le particulier, est apte à nous mener.

Une inattaquable droiture est la force des services publics : elle les nettoie des ivraies ; elles met l'air salubre autour d'elle ; que d'erreurs elle épargne par sa seule présence et quelle force et quelle aisance elle donne pour passer à travers les difficultés. A tout instant, nous avons vu des malheureux, qui pourtant auraient été volontiers de braves gens, embarrassés par quelque détail de leur vie privée, glisser à des complaisances inexplicables, s'embourber et nous embourber avec eux.

De temps à autre, des flibustiers persuadent à Jacques Bonhomme que Robert Macaire sert mieux la nation qu'un honnête homme, moins dégourdi ; si on les laisse faire, ils montrent bientôt à Jacques Bonhomme que, dans toutes les fonctions, les plus grandes comme les plus humbles, la première condition est une honnêteté implacable. Comment tant de braves gens de France, dont l'honorabilité est parfaite, continueraient-ils à faire, avec cœur, leur besogne modeste et fastidieuse, s'ils pouvaient croire que leurs chefs n'ont pas les mêmes scrupules ? L'honorabilité absolue, voilà donc la première condition, non seulement dans l'intérêt des hommes de notre nation, mais dans l'intérêt des hommes de toutes les autres nations. Eux aussi, ont le droit d'exiger, presque autant que nous, que nous ne confiions pas à des personnages douteux les services publics, qui ne sont pas seulement des éléments de notre vie, mais qui sont aussi, dans une mesure variable, mais certaine, des éléments de la vie de tous les hommes. Les étrangers doivent être sûrs de nos fonctionnaires, comme nous en sommes sûrs nous-mêmes. Pour ces arrangements de services publics, communs aux diverses nations, qui préparent une meilleure humanité, les peuples se doivent, les uns aux autres des négociateurs entièrement dignes d'estime et non des aventuriers ou des roués. L'honorabilité absolue est une langue commune, indispensable pour le rapprochement des nations et l'aménagement de la terre. Je sais bien qu'on met des zones à la malhonnêteté. Le fourbe devient un grand patriote en passant la frontière et réciproquement : Saint Louis sous son chêne et Louis XI en Bourgogne. Mauvaise affaire pour tout le monde ; les consciences tortueuses ne se redressent pas en passant devant un poteau et nous n'avons pas plus à tromper les étrangers qu'ils n'ont à nous tromper : adieu, Nicolas Machiavel : le temps des princes est passé ; les peuples n'ont plus besoin de maquignons.

Deuxième condition : la compétence, une compétence véritable, assurée par une formation intelligente et des sélections rationnelles. Les hommes appelés à diriger les services publics doivent être aussi bien préparés que possible aux postes qu'ils occupent. Finissons-en avec ceux qui, pour échapper au préjugé de la compétence, cultivaient celui de l'incompétence : notre démocratie a cru, parce qu'elle improvisait des ministres, que ceux-ci pouvaient, à leur tour, improviser des chefs de services. D'innombrables exemples montrent avec quelle légèreté les politiques, qui passaient au gouvernement, ont pourvu à la conduite des services publics ;

précisément parce qu'ils n'avaient pas de compétences spéciales, ils se méfiaient des hommes compétents; que de fois nous les avons entendus dire : « Pourquoi prendre des hommes formés dans l'entreprise ; s'ils connaissent l'affaire, ils auront des œillères ; ils nous accableront de leur compétence ; nous ne les ferons pas marcher ; mieux vaut pour le peuple, dont nous représentons la souveraineté, des esprits vierges, cherchant la vérité. » Et l'on nommait un préfet directeur général de l'enregistrement !

Nous ne voulons pas seulement la connaissance des détails techniques du service, mais aussi celle des hommes. Seraient-ils compétents, les chefs de l'enseignement, des postes et des chemins de fer qui, ayant à commander cent mille instituteurs, cent cinquante mille postiers, ou quatre cent mille cheminots, ne connaîtraient que les méthodes pédagogiques, le matériel et le roulement des bureaux de poste, les machines, les rails et les conventions financières des réseaux ?

Demandons-nous du génie : si la République rencontre Sully, Colbert, ou Turgot, espérons qu'elle saura les reconnaître, les prendre et les garder. Mais un pays bien organisé n'a besoin ni de génies, ni de sauveurs ; pour la bonne gestion des services publics, un fonctionnaire d'intelligence moyenne, qui dure, vaut cent fois mieux que l'homme éclatant qui passe comme un météore. Si les services publics sont proportionnés aux forces humaines, avec des hommes d'intelligence moyenne, parfaitement honnêtes et bien appliqués, nous sortirons des crises les plus redoutables.

Troisième vertu essentielle pour la bonne gestion d'un service public : le dévouement, le goût désintéressé des affaires publiques, la satisfaction de faire pour un traitement souvent médiocre et toujours identique des besognes d'intérêt général, de ne toucher aucun supplément lorsqu'on procure un bénéfice important à la nation.

Ce sentiment obscur, profond, qui a fait les meilleures parties de notre histoire, forme spéciale et utile du patriotisme, est très fréquent en France. S'il ne se traduit pas toujours sous des formes amènes, il explique la vie de la plupart des fonctionnaires, à tous les degrés de la hiérarchie ; il inspire aussi souvent les plus humbles que les plus élevés ; aux meilleures heures de leur travail, il fait l'élévation de leur tâche et les rapproche de ceux qui, vivant pour les autres, n'en reçoivent pas de salaire.

Je sais bien que ces mots « dévouement du fonctionnaire à l'intérêt public » expriment mal, surtout peut-être pour des étrangers, ce que nous autres Français sentions encore vivement, cette conscience professionnelle aiguisée, cette religion de la meilleure décision à prendre pour le bien de la nation. La catastrophe de la guerre a tout bouleversé, jusqu'aux mœurs les plus enracinées. Par la réaction naturelle aux imaginations humaines, à l'immense sacrifice a succédé la curée. Mais plus les appétits individuels sont déchaînés, plus nous avons besoin de consciences solides pour maintenir la démocratie dans sa ligne.

***

Ces quatre-vingts chefs de nos services publics, ces quatre-vingts hommes de tout repos à trouver pour conduire toutes les affaires civiles de la France, les extérieures comme les intérieures, ce n'est pas l'élection qui nous les donnera, ni directement, ni indirectement : nous ne pouvons pas imaginer que, parce que nous avons nommé un député, il saura nous les procurer.

Une société industrielle qui veut avoir un bon directeur, le prépare avec un soin extrême, elle place, à la tête de ses services, une élite qu'elle forme à ses méthodes, qu'elle expérimente et dans laquelle elle choisit le futur chef ; pour réunir cette élite, elle fait les sacrifices nécessaires ; quand elle a trouvé le chef, elle le paie ce qu'il vaut : nous ne devons pas agir autrement ; nous ne devons pas croire que pour diriger les services publics dont toute notre vie dépend, nous pouvons, au gré d'un ministre, prendre n'importe qui, accabler ce passant de travail, le payer chichement et lui refuser les collaborations indispensables.

Le chef d'un grand service public n'est pas un factotum tenu d'être à son pupitre douze heures par jour et perpétuellement à la sonnette du ministre; son utilité ne se mesure pas aux heures de présence, à la quantité de papiers signés ou de notes fournies. Il doit avoir le loisir de consacrer son activité, sa puissance de réflexion à la haute direction de son service. Par des voyages fréquents, des inspections personnelles, des études poursuivies, en dehors des nécessités immédiates de la gestion journalière, il doit être constamment à la hauteur de la tâche qui lui est confiée. Donnons-lui donc tous les adjoints nécessaires pour faciliter cette tâche et au besoin le suppléer : c'est une erreur de croire que les états majors doivent être réduits au minimum. Les économies de cervelles sont de sottes économies ; une idée heureuse pour la gestion d'un service public n'est jamais payée trop cher ; quand on fait le calcul des progrès qu'elle permet par rapport aux quelques milliers de francs qu'épargnerait une compression à l'extrême des cadres supérieurs, on se demande comment une si petite épargne pourrait être défendue.

La création d'une élite autour des chefs de services publics, est une nécessité absolue ; c'est dans ce laboratoire actif, que doit être formé et préparé le chef de demain. Un grand industriel américain a proclamé qu'il faut commencer par balayer le magasin à seize ans pour mériter de devenir patron. Le magasin doit être organisé de façon que celui qui le balaie à seize ans, puisse, avec un effort exceptionnel, acquérir assez d'instruction et d'autorité pour devenir le patron à quarante ans et n'être arrêté, dans cette ascension, par aucun préjugé. Mais n'attendons pas de ces ascensions extraordinaires les chefs des services publics. Beaucoup de gens croient encore que pour être un bon chef, il faut avoir passé par tous les échelons et que le meilleur directeur est celui qui commencera par être expéditionnaire ; cela plaît à l'imagination populaire : dans la giberne de soldat, le bâton de maréchal. Passe pour le temps des grands bouleversements où planton à vingt ans, l'on devient général à trente ans : combien de lourdes erreurs encore par suite d'une culture insuffisante ! Aujourd'hui, les chefs, formés par cette série d'étapes, seraient trop vieux et leur vieillesse est un vice rédhibitoire. Les chefs des services d'une République, qui marche vers l'avenir, doivent être en pleine force, dans cet épanouissement de la vie qui va de la quarantaine à la cinquantaine. Plus tôt, l'homme n'a pas assez d'expérience, plus tard, assez de souplesse, de confiance et de vigueur ; vieilli et fatigué, il ramène instinctivement vers les chemins du passé, le peuple qu'il doit conduire vers l'avenir.

Chaque service public doit donc être organisé de façon à produire normalement, rapidement, ses chefs.

Dans une démocratie, la culture intensive des chefs, leur recrutement, la création d'une élite à la tête de chaque service public sont la grande affaire ; tout le reste en dépend ; tout le reste, c'est-à-dire le bonheur ou le malheur des individus, la paix intérieure et la paix extérieure. Les démocraties doivent abjurer tous leurs préjugés ; elles ont plus besoin de cette élite que tout autre régime : puisqu'elles en ont besoin, elles doivent la payer ce qu'elle vaut et l'entourer de la considération qu'elle mérite.

On ameute facilement le peuple contre les gros traitements ; demain le peuple s'irritera de n'avoir pour directeurs de ses services que des gens médiocres : il en pâtira et s'indignera que les meilleurs aient abandonné les affaires publiques pour les affaires privées : il réclamera des mesures draconiennes et la prison pour ceux qui quittent le service public. Il ne fera qu'aggraver le mal ; il inspirera l'horreur des fonctions publiques à tous ceux qui peuvent faire autre chose ; quoi qu'il imagine, il ne pourra rétablir, au laïc, les vœux perpétuels. Comment gardera-t-il les gens de mérite, s'il s'obstine à les payer le quart ou le cinquième de ce qu'ils trouveraient facilement ailleurs ?

Toute mesure par laquelle on veut lier les hommes à leur fonction tourne contre le bien du service public. Payez-les : vous les retiendrez dans la mesure où il convient que vous les reteniez. Nous avons augmenté les salaires inférieurs dans des proportions qui varient entre 250, 300 pour 100 ; les traitements des agents supérieurs n'ont augmenté que de 40 à 50 pour 100 ; il était évident, bien longtemps avant 1914, qu'ils étaient déjà très insuffisants ; un commis touche dix mille francs ; un directeur trente mille : aucune proportion entre ces chiffres ; ils font rire de nous. Le peuple doit largement payer l'élite qui dirige ses services publics, puisque c'est la supériorité de cette élite qui fait le progrès de la nation.

Les administrations centrales des services publics

Chaque service public comporte une administration centrale. Elle a été considérée jusqu'ici comme le prolongement du ministre, comme un groupe de fonctionnaires civils mis à la disposition du ministre pour surveiller les services techniques et au besoin les brimer ; conception fausse qui, dans beaucoup de cas, a causé la stagnation du service public.

Chaque ministère a ses règles particulières pour le recrutement de son administration centrale. Il s'approvisionne ainsi, par un petit concours spécial, d'un stock d'aptes à tout, dans lequel il puisera pour les besognes les plus diverses. Dans les ministères les plus techniques, on recrute, bon an, mal an, par des concours ou des examens professionnels, quelques jeunes gens qui passeront ensuite, au hasard de leur avancement, pendant une trentaine d'années dans tous les bureaux et qui, n'ayant généralement au début aucune sorte de compétence technique, feront successivement des ports, des chemins de fer, de la comptabilité, de l'énergie hydraulique, de la statistique, de la pêche. Pour les services les plus semblables dans les différents ministères, nous n'avons même pas su organiser un recrutement commun ; chaque ministère se fournit ses comptables, et les prend sur son stock ; on passe d'un bureau des ports maritimes à celui de la comptabilité, si le hasard et les convenances de l'avancement le demandent. Ces besognes, si diverses, les gens de bureaux les feront de leur mieux, sinon avec joie, toujours sans doute avec le souci de l'intérêt public et un certain tour de main auquel les aura rompus le passage à travers tant de services variés : cela fait l'affaire des ministres qui trouvent ainsi une troupe de secrétaires formés à l'épluchage des services actifs ; cela fait beaucoup moins notre affaire pour la bonne exécution du service public. Il ne doit pas y avoir une administration centrale par ministère pour l'ensemble des services publics placés sous l'autorité du ministre ; il doit y avoir une tête pour chaque service public. L'organisation de cette tête du service public a la plus grande importance ; mais elle est essentiellement l'affaire du directeur du service. Là encore les formules générales ne valent rien. Si chaque directeur a suffisante liberté d'agir, on peut être assuré qu'il trouvera rapidement pour son service une organisation satisfaisante. Notre intérêt évident est de lui laisser la souplesse de combinaisons nécessaire ; il doit pouvoir faire appel librement aux compétences dont il a besoin. Il sera toujours obligé de justifier ces combinaisons devant son ministre et, au moment du vote du budget, devant le parlement ; on peut y ajouter quelque contrôle supplémentaire, par exemple celui du conseil d'État ; mais ne l'embarrassons pas de règles abstraites, de formules et de péréquations qui ont plus d'avantages pour les intéressés que pour le service public. Dans chaque service public, en principe, l'identité d'origine et la fusion avec les cadres actifs s'imposent ; par quelle étrange conception, veut-on faire diriger la besogne des gens compétents par des gens moins compétents? Sans doute, il peut être nécessaire d'ajouter, dans l'administration centrale de chaque service public, des compétences juridiques, économiques ou financières, aux compétences spécialisées des services actifs ; mais ce mélange doit être étudié avec soin, pour chaque service public, même pour chaque époque de chaque service public ; il ne doit pas réduire ou retarder l'action des techniciens compétents par l'intervention obligatoire d'hommes moins compétents.

Nous voulons imposer aux chefs des services publics, la responsabilité de l'exécution de ces services et leur donner l'autorité et la liberté que comporte cette responsabilité ; commençons par ne pas les empêtrer de bureaux hiératiques, sur le recrutement desquels ils n'auraient qu'une action limitée. Pour la formation des compétences juridiques, financières, économiques nécessaires dans tous les ministères, créons par un concours général qui pourrait être annexé à celui du conseil d'État et des conseils régionaux administratifs, un fonds commun dans lequel les chefs de service puiseront librement, suivant leurs besoins et le mérite des agents ; cela dérangera la morne paix des carrières illustrées par Balzac, Maupassant et Courteline mais contribuera puissamment à mettre la vie et l'action dans ces services publics. L'administration centrale de ces services ne doit être composée que de chefs et d'employés aux besognes matérielles ; plus de place pour celui que nous appelons le rédacteur, l'homme qui apprend l'administration en rédigeant des rapports. Dans chaque division centrale du service, un chef qui dirige la partie qui lui est confiée avec un ou deux adjoints techniciens comme lui, le secondant dans l'étude des affaires, l'aidant à préparer les décisions, à donner les ordres. Ces techniciens peuvent être, suivant les cas, des juristes, des ingénieurs, des professeurs, des économistes, des financiers ou des statisticiens ; mais pourquoi des apprentis cherchant à deviner l'administration en compulsant des dossiers et en ajoutant de nouveaux rapports sur l'affaire? Le titre seul de rédacteur révèle un système suranné : dans une démocratie, l'administration centrale d'un service public doit ordonner, approuver, rectifier, télégraphier, téléphoner et non rédiger : ô Bridoison, ce n'est plus la forme qui importe.

Le rôle de chaque agent des services publics et la décentralisation de l'autorité dans une démocratie

Dans la vie intérieure de chaque service public, sous cette autorité effective et puissante des directeurs et de leurs principaux adjoints, le rôle de chaque agent doit être un rôle essentiellement actif et personnel, Aucun agent ne doit être traité comme un automate et le simple instrument d'une volonté supérieure.

La notion de personnalité et de responsabilité des administrateurs n'est pas seulement vraie et bonne pour les chefs principaux des services publics ; elle est vraie et bonne pour tous les agents de tous les services publics.

Chacun, le plus humble comme le plus élevé, puise son autorité, non dans une délégation ou des instructions, mais dans la nécessité de sa fonction et dans la façon dont il la remplit.

Chaque agent, si modeste qu'il soit, doit être résolument investi de toute la fraction de pouvoir que comporte sa fonction. L'organisation des hiérarchies est indispensable pour maintenir chaque agent dans les limites de cette fonction et l'inciter à la bien remplir ; elle n'a pas d'autre principe et d'autre objet.

Finies les cascades d'autorité qui, de proche en proche, à travers le droit divin, le génie des empereurs, ou l'audace des dictateurs, prenaient toujours leur source dans l'Empyrée. Finis les homme prédestinés, dont tous les autres ne sont que les sujets, les représentants ou les délégués. Fini l'homme qui porte, dans sa cervelle, la destinée d'un peuple ; nous ne savons que trop à quelles mers rouges, ces Moïses nous ont conduits.

Est-ce la fin de l'autorité ? Certainement non : c'est la fin de l'autorité telle qu'elle a été conçue jusqu'ici par les gouvernants ; c'est l'aube de l'autorité féconde que comporte une démocratie et qui, fondée sur les vertus de l'homme, est répartie entre tous ceux qui l'exercent dans la limite de leurs forces et de leurs fonctions. Anarchie : non pas ; ordre vivant et durable des Républiques ; autorité consentie et contrôlée par ceux au profit de qui elle s'exerce.

Aucune autorité ne vient d'une force ou d'une volonté supérieures à notre volonté et à notre raison : toute fonction sociale, la plus humble comme la plus grande, comporte une part d'autorité à laquelle tous doivent obéir. Mais cette autorité vient du droit humain qu'a chacun de trouver des facilités de vivre de plus en plus grandes, dans la nation, réalisation pratique de la solidarité humaine; elle vient de la compétence, du dévouement et de l'honorabilité de celui qui s'est consacré au service public et d'aucune autre investiture divine ou humaine que celle-là.

Je scandalisai jadis certains personnages, en demandant qui était le gouvernant et le gouverné, d'un garde-champêtre dressant procès-verbal à un président de la république chassant sans permis, d'un agent de police arrêtant le ministre de l'Intérieur qui conduit une automobile à une allure excessive, d'un juge de paix condamnant un député pour tapage nocturne, d'un maire de commune rurale faisant dresser procès-verbal au président du Sénat qui, en villégiature dans la commune, jette ses eaux sales sur la voie publique, d'un agent de train qui donne le signal de départ tandis que le ministre des travaux publics pérore sur le quai. Sous la troisième république la question parut subversive; quelle irrévérence de supposer qu'un président du Sénat vide sa cuvette par la fenêtre, qu'un ministre des Travaux publics pérore sur le quai, ou qu'un président de la République tire des perdreaux en temps de neige : n'était-ce pas entamer la souveraineté du peuple que mettre ainsi ses représentants en conflit avec leurs plus humbles subordonnés! Pourtant, c'était la vérité. Si nous tenons à ce mot, gouvernement, il n'est aucun agent de la nation qui ne soit, à son heure, un gouvernant. Cela nous apparaît avec évidence pour le garde-champêtre, l'agent de police et le juge de paix : est-ce moins vrai pour l'instituteur, le facteur des postes, le gardien de phare ou le conducteur de trains ? Chacun d'eux quand il exerce ses attributions, est, au même titre que les autres, un agent de la corporation sociale ; il concourt à réaliser la destinée de la nation et à mettre à la disposition de chacun de nous des moyens de vie. Au fond, tous ont la même origine et la même raison d'être; commis aux besognes d'utilité générale, ils sont tous, au même titre, sinon avec la même importance, des agents de la nation. Encore, du point de vue de l'importance, faudrait-il réviser bien des préjugés : un instituteur qui, pendant trente ans, a de son mieux instruit tous les enfants de la commune et rempli les fonctions de secrétaire de la mairie, est plus intéressant pour la nation qu'un ministre de l'Instruction publique qui a profité d'un passage éphémère, rue de Grenelle, pour bouleverser les programmes de l'enseignement et briguer l'Académie.

Nous devons donc nous efforcer de donner à chaque agent toute la part d'autorité que comporte sa fonction. Si nous reconnaissons que le conducteur des Ponts et Chaussées réglerait fort bien, tout seul, la plupart des affaires courantes de son service ; qu'un seul juge de paix assurerait aisément la justice, la police et l'assistance dans plusieurs cantons, pourquoi maintenir obstinément des organisations, des réglementations, des procédures qui remontent au premier empire et qui coûtent beaucoup de temps et d'argent ? Cette large décentralisation de l'autorité procurerait immédiatement des simplifications et des économies considérables ; elle donnerait à tous les agents de la nation le sens aigu de leur rôle et la conscience de leur fonction ; elle relèverait, à leurs propres yeux, cette fonction ; elle est entièrement conforme à l'esprit d'une démocratie.

Mais elle ne peut être faite utilement qu'au dedans des services publics et par ceux qui en ont la charge. Il y a d'immenses simplifications à faire dans tous les services publics ; nous ne les ferons pas du dehors. Nous pouvons bien avoir, de l'extérieur, des vues intéressantes et proposer des solutions. Ceux-là seuls qui ont la responsabilité du service, peuvent mettre les réformes au point, les poursuivre sans défaillance et les maintenir. De ce point de vue encore, la nécessité de chefs de service, ayant la durée, soustraits aux mouvements de la politique, s'impose.

Nos plus beaux plans de réforme administrative, les plus réfléchis, ne commenceront à prendre quelque réalité que du jour où nous aurons des directeurs effectivement responsables du service public et maîtres de leur personnel ; eux seuls pourront faire, sous leur responsabilité, cette décentralisation d'autorité si conforme aux lois de la démocratie.

De la décentralisation que nous réclamons, on ne doit pas d'ailleurs tirer d'autres conséquences que celles qui résultent de cette juste appréciation des situations respectives de tous les agents d'une nation. Il est parfaitement raisonnable de dire au mécanicien qui conduit un train dans lequel président et ministres vont à une conférence pour régler le sort du pays : « Mécanicien, penché sur ta machine, tu n'es pas une fraction animée de l'outillage du train. Pendant tout ce trajet, tu es autant que ceux que tu conduis, le gouvernement de la France ; tu disposes de leur sort et du tien ; un coup de folie, une minute d'inattention, voilà la conférence dans le fossé et ces éminentes cervelles en capilotade. » Il est absurde de faire croire au mécanicien que, parce qu'il exerce une fonction qui, à certains moments, peut être une condition de la vie nationale et parce qu'il mérite d'être traité avec estime et gratitude, il doit dominer la nation. C'est une mauvaise farce de lui dire que parce qu'il mène bien sa machine, il est apte à mener tout le réseau, au besoin la direction générale des chemins de fer et le ministère des Travaux publics. Chacun sa tâche; chacun pour tous et tous pour chacun; nous avons tous besoin les uns des autres ; chaque homme est l'agent, le fonctionnaire des autres hommes ; aucun ne doit être traité comme le simple instrument d'une volonté supérieure. Il faut cependant, des volontés supérieures et dirigeantes ; il faut des chefs et une élite pour recruter ces chefs. Quoi qu'on fasse, il restera toujours plus facile de se mettre à conduire une charrue, un autobus, ou une « Pacific » que d'être directeur des chemins de fer ou de l'agriculture.

En réalisant ces principes, on constitue, sous le contrôle du pouvoir politique, mais en dehors de lui, une association permanente d'hommes, une coopérative du service public qui, des chefs aux derniers agents, assume solidairement, vis-à-vis du pouvoir politique et de la nation, la charge de ce service public. Le mot coopérative de ce service public effraie : on redoute les corporations bureaucratiques. Croit-on que nous voulions livrer la République à des oligarchies de fontionnaires qui, après avoir passé par la chatière de quelques concours, demeureraient ensuite indolents et superbes dans la contemplation du Nirvanâ ? Nous demandons des organismes sains et vivants qui produiront de la vie et élimineront les parasites. La République vient, avec raison, de se montrer libérale pour l'organisation du culte catholique : elle l'a abandonnée à l'autorité de l'évêque et de ceux qu'il agréerait suivant les règles canoniques; nous n'en demandons pas tant pour les services publics; nous ne voulons pas qu'ils soient jamais soustraits à l'action du parlement et du ministre et au contrôle de la nation.

L'interdiction de la grève dans les services publics

Les agents d'un service public ont-ils le droit de faire grève ? Assurément non ; jamais, dans aucun service public et sous aucun prétexte.

Toute grève dans un service public quelconque, aussi bien dans un service concédé que dans un service exploité directement par la nation, le département, ou la commune, est absolument inadmissible, parce qu'elle est en contradiction avec la notion même de service public.

Pourquoi la nation érige-t-elle, en services publics, certains services qu'elle pourrait après tout laisser à l'initiative privée ? Parce qu'elle les considère comme indispensables à la vie de chaque citoyen, parce qu'elle tient pour son devoir absolu de procurer aux hommes réunis en nation, certains instruments de vie et de progrès ; elle ne peut donc admettre un seul instant que ces services soient abandonnés. Les agents qui entrent dans un service public ne sont pas les salariés d'un patron.

Ce n'est pas seulement parce qu'ils trouvent, dans leur condition, des garanties particulières, garanties que l'afflux des demandes, pour le moindre service public atteste suffisamment ; c'est surtout en vertu d'une notion plus haute, plus humaine, plus sociale ; c'est parce qu'il faut que la nation assure, à tout prix, le vie de ceux qui la composent.

Les agents des services publics, quels qu'ils soient, sont tous plus ou moins en service commandé ; tant qu'ils ne donnent pas leur démission, ils sont liés au service public qu'ils ont, après tout, librement recherché, comme le soldat et le juré sont liés au service qui leur est imposé par la nation, pour la conservation de l'existence sociale. Voilà la raison profonde pour laquelle aucune grève, aucun essai, préparation ou prédication de grève, ne doivent être tolérés, un seul instant, dans un service public quelconque, national, départemental ou communal, concédé ou non concédé.

La continuité et la régularité des services publics sont l'obligation fondamentale de la nation et par conséquent de tous ses agents envers les citoyens ; elles sont la réalisation pratique de la solidarité des hommes, la raison essentielle pour laquelle ils forment des nations. Un employé de chemins de fer ne peut parler de grève, sans détruire la notion de service public dont les humbles ont plus besoin que personne.

Quelques révolutionnaires disent aux ouvriers ; « Attention, si vous laissez établir que le droit de grève cesse lorsqu'un service public est en jeu, la nation étendra ses services publics ; elle déclarera services publics les mines, les grandes industries, la boulangerie. De proche en proche, les services publics s'étendront ; le réseau des industries protégées couvrira la vie nationale ; vous ne pourrez plus jamais faire grève. » Sans aucun doute, si la nation ou les municipalités faisaient de la boulangerie un service public, c'est qu'elles jugeraient nécessaire de garantir aux citoyens la fourniture régulière de pain propre et à bon marché. La première condition de cette fourniture régulière est que les ouvriers boulangers continuent à travailler. Le jour où ceux-ci deviendraient agents d'un service public, ils perdraient tout droit de faire grève.

« Mais, répliquent quelques économistes, tout cela est un enfantillage. La grève n'est pas un droit, c'est un fait : si trois cent mille employés de chemins de fer veulent faire grève, rien ne saurait les en empêcher. » Si trois cent mille conscrits s'entendaient pour refuser le service militaire, nous ne trouverions pas trois cent mille gendarmes pour les conduire à la caserne ; si trois cent mille paysans s'entendaient pour ravager les récoltes de leurs voisins, nous ne trouverions pas trois cent mille gardes champêtres pour les en empêcher. Les lois, punissant ceux qui refusent le service militaire ou qui ravagent les champs de leur voisin, ne sont pourtant pas des enfantillages.

Suspendre par la grève, le service des chemins de fer, et détruire ainsi la vie de la nation est une action du même ordre que refuser le service militaire ou ravager les champs du voisin. Ceux qui réclament l'extension des services publics ne prétendent pas désorganiser la vie sociale et la mettre à la merci d'une poignée de détraqués ; ils prétendent au contraire assurer à chaque citoyen, avec continuité et régularité, les instruments de vie et de perfectionnement que comporte l'état social et mettre à tout jamais ces instruments à l'abri des conflits des intérêts individuels. Proscrire la grève dans les services publics, c'est encore travailler à la démocratie et à la paix : c'est organiser la République dans la paix. La grève, comme la guerre, c'est de la mort : la démocratie, c'est la vie du peuple.

Souhaitons que les politiques trouvent prochainement une formule pour imposer avec précision ces idées à tout agent nouveau de tous les services publics, nationaux, départementaux ou municipaux, concédés ou non concédés ; car les procédés empiriques par lesquels la nation assure l'organisation financière et la direction générale d'un service public ne changent rien à l'obligation fondamentale de la nation et par conséquent de tous les agents de la nation envers les citoyens, obligation qui est d'assurer avant tout la régularité et la continuité du service public.

Projets chimériques ? Non : nous trouvons tout près de nous, en Suisse, la loi suivante : « Tout employé d'une régie d'État qui se met en grève, est passible de la suspension ou de la révocation ; cette peine est prononcée par le conseil d'État. La grève du personnel des services publics ou des entreprises concédées est punie, correctionnellement, d'une amende ou de la prison. L'excitation à la grève, menée par un tiers, est passible de la même peine. » Ces dispositions sont précédées d'autres sur l'organisation d'un arbitrage en cas de conflit dans les services publics ; cela forme un système qui se tient et qui s'accorde fort bien avec les conditions d'une République. Pourquoi n'en avons-nous pas fait autant : n'est-ce pas l'une des parties essentielles de ce statut des fonctionnaires dont on a tant parlé, sans jamais le mener à bien ?

Le statut des agents de la nation

« Pas de grèves, mais aussi pas de fiches. » Pas de subordination du fonctionnaire aux conceptions d'un parti politique ; il n'est pas le serviteur des partis politiques, la rançon de leurs luttes ; il est l'agent permanent et désintéressé de la nation : à travers les agitations de la politique il exécute le service public dont chacun de nous a besoin. Quand il demande un statut général, il demande des garanties contre les mouvements de la politique. Lesquelles : les plus convaincus ont été embarrassés pour le dire avec précision ; ils ont assez tôt reconnu qu'ils ne trouveraient pas mieux que les gens de 1789, avec la déclaration des droits de l'homme et du citoyen.

« Tous les citoyens étant égaux aux yeux de la loi sont également admissibles à toutes dignités, places et emplois publics, selon leur capacité et sans distinction autre que celle de leurs vertus et de leurs talents. »

Au fond, le véritable statut, c'est la bonne organisation de chaque service public, la constitution rationnelle de ce service ; elle n'est pas nécessairement la même pour tous les services publics. Ce statut doit donc être élaboré, lui aussi, dans l'intérieur de chaque service public, non pour l'intérêt des agents, mais en fonction de l'utilité même du service public. Donner de nouvelles garanties aux agents, bonne pensée ; mais en quoi ces garanties nous sont-elles utiles, à nous tous pour qui sont faits les fonctionnaires. Avant de nous tant préoccuper de garanties à donner aux fonctionnaires, nous voulons savoir exactement si leur besogne est vraiment utile, si elle est une nécessité moderne ou une tradition du passé ; car après tout, si nous découvrons qu'une partie de cette besogne est inutile, pourquoi renforcer des fonctions à supprimer ? Le plus sûr statut, ce sont encore de bons chefs ; tout l'effort des agents de la nation doit tendre à se procurer de bons chefs : ils y sont intéressés autant comme fonctionnaires, que comme citoyens.

Les salaires des agents de la Nation

La troisième République a maintenu, au delà de toute limite, des salaires de famine pour presque tous les agents de la nation : je ne me suis pas privé de le crier sur les toits ; je rougirais d'écrire ici les traitements que nous donnions encore au début de 1914, aux plus indispensables instruments de la vie en commun ; ce n'est assurément pas un joli trait de notre race et il explique bien des révoltes. On retarde une réforme tant qu'on peut ; autant de gagné, disent les politiques ; belle sagesse : à la veille d'une élection ils s'affolent, accordent tout sans discernement et trouent le budget à qui mieux mieux. Nous aurions dû non seulement accepter, mais presser les relèvements correspondant aux conditions normales des salaires en France ; à défaut de toute autre considération, notre intérêt le commandait : payer un agent de police moins qu'un garçon de magasin était folie.

Cela ne veut pas dire que nous devions inscrire au budget, comme finissent par le faire trop souvent les politiques, toutes les réclamations des fonctionnaires. Des hommes qui souffrent et parfois cruellement, de la médiocrité de leur traitement, tâchent d'obtenir beaucoup pour eux-mêmes et pour leurs camarades ; ils poussent leur action avec âpreté, parfois avec injustice. Pour ma part, je ne leur en ai jamais voulu, même au temps ou un idéal généralement accepté réduisait les fonctionnaires supérieurs à une existence très modeste. Ceux-ci, en se conformant à cet idéal et en se contentant de maigres salaires refusaient, à eux-mêmes et aux leurs, des suppléments de confort et de luxe ; ils pouvaient du moins se consoler philosophiquement en pensant que ces suppléments causent parfois autant d'ennuis que d'agréments. Mais nous ne pouvons demander aux facteurs, aux instituteurs, aux agents de police, aux douaniers, de vêtir et de nourrir une famille avec l'orgueil de leur dévouement à la chose publique. Pour ceux qui supportent vraiment le poids de la chaleur et du jour, suivant les expressions des bibles, une augmentation de quelques centaines de francs, ce n'est pas seulement des plaisirs, parfois contestables, c'est de la vie en plus ou en moins ; cette vie, nous n'avons pas su la leur donner à temps ; ils la réclament maintenant avec violence ; comment s'en étonner ?

Là encore nous trouvons le vice profond de notre organisation démocratique et le danger pour la paix publique d'une mauvaise institution des services publics.

Seul, un chef technique, formé pour le service public, nettement et publiquement responsable devant les ministres et le parlement de la gestion de ce service aurait pu prendre hardiment et utilement l'initiative des relèvements de traitements, parce que lui seul aurait su exactement à quel moment et dans quelle mesure ils étaient nécessaires pour la bonne exécution du service qui lui était confié. En sens inverse, lui seul pouvait résister aux demandes injustifiées : lui seul pouvait répondre utilement aux protestataires. « Je n'ai pas à accorder cette augmentation, puisque, avec les traitements actuels, je gère convenablement le service public et j'assure un recrutement suffisant. » Mais pour conquérir cette autorité et l'imposer à tous, le chef doit être vraiment le représentant permanent du service public et non le délégué d'un ministre, en passant ; il doit avoir obtenu la première place, par son travail et son mérite, par une sélection rigoureuse dans une élite destinée à fournir les chefs des services publics et non par la faveur d'un politicien, cette faveur fût-elle d'ailleurs justifiée par des qualités particulières.

De ce point de vue, comme de tous les autres, tout nous ramène à la conception d'une force administrative permanente nécessaire pour le développement normal d'une démocratie.

Dans cette grave question du salaire des fonctionnaires, nous ne devons compter sur le parlement et sur les ministres, ni pour réaliser à temps les réformes nécessaires, ni pour résister à des demandes injustifiées. Les expériences que nous avons faites ne nous laissent aucun espoir; la crainte du contribuable qui paie toujours et, dans sa quittance, ne discerne pas la part d'une amélioration de traitements, ne balance pas l'action de corporations résolues et tenaces. Parlementaires et ministres n'ayant pas la connaissance exacte et la responsabilité immédiate du service public finissent toujours par accueillir des réclamations à l'appui desquelles s'accumulent les arguments généraux et les menaces électorales.

Le parlement a accepté, sans difficulté, les salaires excessifs des usines de guerre et la péréquation générale des traitements. Ces deux fautes ont bouleversé notre économie nationale. Les agents des services publics ont profité fort habilement de la seconde.

Il n'y avait aucune raison de dire, en principe, que les salaires doivent être, autant que possible, équivalents, dans les divers services publics, pour des grades comparables. La péréquation des traitements telle qu'elle a été entendue et pratiquée était une lourde erreur. Elle correspondait à des arrangements symétriques de l'esprit, non à la réalité. La variété des services publics est très grande ; ils exigent à grade équivalent, des aptitudes et des préparations inégales : ils comportent des sujétions et des avantages très différents. Il est absurde de déclarer à priori que parce qu'ils sont tous les deux inspecteurs généraux, un inspecteur général des Ponts et Chaussées et un inspecteur général des music halls doivent être payés de la même façon et que deux commis, parce qu'ils sont tous les deux commis, doivent recevoir également dix mille francs par an, quand l'un dirige des chantiers et l'autre range des cartons, dans un bureau.

Par ces unifications, on créait des forces d'action qui devaient emporter les faibles résistances des hommes politiques, à la veille des périodes électorales. Les uns poussent les autres et tous naturellement prennent pour base le traitement le plus favorable. Qui pourrait leur en faire grief ; tant mieux pour eux ; tant pis pour la démocratie qui doit payer ses agents en proportion des services qu'ils lui rendent et dans la mesure exacte nécessaire pour avoir un bon service, ni plus, ni moins.

Constatons que ce traitement, équitable pour les agents, équitable pour le contribuable, les politiques, depuis cinquante ans, ont été impuissants à l'assurer : c'était au-dessus de leurs forces ; ce n'était pas de leur compétence; seuls des chefs de service permanents, responsables du service public, auraient pu l'arbitrer.

Le comité technique des services publics

Est-il nécessaire d'avoir dans chaque service public, à côté du directeur, une sorte de conseil d'administration ? Nécessaire, non ; utile, incontestablement.

Entendons-nous d'abord sur la portée exacte des attributions de ce conseil ; il ne peut être assimilé à un conseil d'administration de société financière ; à aucun moment, en aucune manière, il ne faut y chercher, ouvertement ou sournoisement, un moyen de soutirer au ministre, au parlement et à ses commissions leur autorité légitime et nécessaire ; le seul conseil d'administration de la France, c'est le parlement : tant que nous serons en république, elle ne peut en avoir d'autres. On parle souvent maintenant de placer à la tête des services publics des conseils composés en tout ou partie de consommateurs du service public : conceptions théoriques, au bout desquelles on ne trouve aucune réalité. Ceux qui préconisent tant l'intervention des consommateurs dans les conseils des services publics, ne vont pas loin, quand on les prie de préciser comment seraient représentés les consommateurs de la police, de l'instruction publique, de l'hygiène, de la justice. Autant il est facile de découvrir pour chaque service public, des compétences techniques et professionnelles utiles au contrôle de la gestion du service, autant il est impossible, en dehors du suffrage universel, de donner aucune base sérieuse, à l'élection du représentant des consommateurs. On comprend très bien que ceux qui songent à détruire la République aient trouvé ce moyen de chercher à lui arracher ses services publics. Mais nous ne nous prêterons aucunement à cette interposition entre le parlement qui représente la nation et le directeur, chef d'un service public, d'une puissance anonyme, qui briserait l'action nécessaire du parlement et de son délégué le ministre, sur le directeur. Quand nous demandons la permanence et la responsabilité du chef de service, ce n'est pas pour en arriver là. Le parlement et ses commissions permanentes, le ministre délégué du parlement, contrôleur souverain du service public d'une part ; le directeur chef visible, permanent et responsable du service public, d'autre part, voilà les pièces essentielles du système ; si elles sont bien agencées, elles suffiront à produire mécaniquement la bonne gestion du service public, l'honorabilité, la compétence, le dévouement dont nous avons besoin. Avec un conseil d'État plus moderne, centralisant toutes les grandes affaires administratives et suivant la gestion des services, nous serions pourvus des rouages indispensables. Si nous devions sacrifier quelque chose, c'est assurément les conseils des services publics qu'il faudrait jeter par-dessus bord.

Dans ces limites, reconnaissons qu'ils ont leur utilité. Au-dessous du contrôle politique, ils peuvent être un élément précieux de contrôle technique ; ils peuvent, sous l'autorité du ministre et en collaboration constante avec le directeur, assurer la permanence des vues et le contrôle de la gestion des chefs de service ; ils peuvent être un point d'appui très précieux pour le directeur, vis-à-vis du parlement et du personnel. Ils suivront les affaires générales du service, discuteront les programmes, examineront les promotions du personnel supérieur, et pour la fonction de directeur feront des propositions au ministre. Ils seront ainsi appelés à se préoccuper constamment du recrutement et de l'organisation de l'élite qui doit diriger le service public. Ce n'est pas le conseil d'un service public qui peut désigner définitivement cette élite ; le choix doit rester au ministre ; mais le conseil préparera ce choix avec la connaissance du service, des hommes et de leurs méthodes. Les propositions, qu'il sera appelé à faire, seront, pour le ministre, un utile élément d'information, pour les fonctionnaires méritants, une garantie, pour les autres, un frein ou une sanction.

En définitive, même liste d'attributions qu'un conseil d'administration dans une industrie, mais avec cette différence capitale imposée par la nature des choses que le conseil d'un service public ne peut avoir qu'un rôle consultatif, la décision appartenant, suivant les cas, au ministre ou au directeur. Dans ces conditions, ne serait-il pas plus exact de l'appeler comité technique ?

Quel que soit le nom, comité technique ou conseil du service, il doit représenter la compétence et aussi l'ensemble du personnel du service public.

Les formules pour représenter la compétence dans le comité technique varient avec chaque service public ; elles ne sont jamais assez difficiles à combiner pour n'en pouvoir donner des raisons satisfaisantes ; on trouve toujours aisément autour de chaque service public, les quelques hommes dont la situation présente ou passée assure une compétence et une expérience précieuses pour la bonne gestion des services publics.

Ces hommes doivent être assez bien choisis pour pouvoir être des conseillers techniques permanents du ministre ; il doit pouvoir s'appuyer sur leur contrôle pour l'examen des projets du directeur général ; par contre, celui-ci doit trouver dans ce contrôle, un appui auprès du ministre

Cette représentation des compétences doit former la majorité dans chaque conseil ou comité de service public ; l'objet principal étant d'assurer le contrôle technique de la gestion du service.

Mais il faut appeler aussi les représentants élus de l'ensemble du personnel ; cet accès du personnel au comité technique marque la coopération de tous les agents dans la gestion du service public, leur permet de suivre l'organisation du service et suscite chez tous la volonté de perfectionnement : c'est un élément de paix pour le service public. Partout où nous l'avons pratiqué, nous en avons éprouvé les bons effets. Il serait d'abord inexact de dire que la représentation des catégories secondaires du personnel ne peut apporter aucune indication utile dans un conseil de service public : c'est en contradiction avec les faits et avec la conception nouvelle de l'autorité dans une démocratie ; un représentant des mécaniciens n'est aucunement déplacé dans un conseil d'administration de chemins de fer et il peut y présenter des observations utiles. Mais surtout il voit comment est géré le réseau, et constate que la préoccupation qui domine est celle du bien public ; il apprend à estimer ses chefs : aux heures de conflit, la présence des représentants du personnel, dans un conseil de service public, est un élément d'ordre et d'apaisement.

La mesure n'est pas toujours facile à réaliser : mettre dans le conseil d'un service public des représentants des principales catégories du personnel, cela ne veut pas dire représenter toutes les catégories du personnel, proportionnellement à leur nombre ; ce n'est pas de nombre qu'il s'agit ici, mais de l'utilité du service public. Pour les personnels nombreux l'élection doit toujours être faite à deux degrés au moins. Il faut grouper les principales catégories pour éviter l'émiettement et assurer la représentation des catégories supérieures. Dans un consei de chemins de fer, il serait absurde de faire entrer le représentant des hommes d'équipes et pas celui des chefs de gare. Par cette représentation de personnel, nous voulons, dans l'intérêt de la paix et de la bonne exécution du service public, assurer un droit de regard et au besoin un droit d'observation à l'ensemble des agents qui concourent au service ; nous ne voulons pas mettre le service dans la dépendance de la majorité des agents et soustraire ainsi ceux-ci à l'autorité nécessaire de leurs chefs, du ministre et du parlement.

Les circonscriptions administratives

Telles sont actuellement nos notions sur les services publics : peu nous importent les modalités sous lesquelles ces services nous seront rendus et les circonscriptions administratives dans lesquelles se cantonneront les agents ; c'est toujours, au nom de la nation, que les agents exécuteront les services, conséquences de la vie en société ; les mérites et les inconvénients des circonscriptions dépendent de la façon dont le service est rendu.

Nous constatons cependant qu'il existe deux groupements naturels ; la nation, à laquelle on appartient et la commune où l'on vit : à chacun de ces deux groupements correspondent normalement des manifestations différentes de la vie sociale. La commune, agglomération naturelle, a tenu une grande place dans la formation de la France : en 1789, la Constituante a maintenu les communes dans leurs territoires.

Avec la mobilité actuelle des hommes, pouvons-nous encore chercher dans la commune le fondement d'une solidarité restreinte au coin de terre où l'on vit ? La commune fut l'embryon de la patrie : mais les horizons se sont étendus ; chaque homme voit au delà de son beffroi. La commune n'est plus qu'un moyen d'organiser, sous le contrôle de la nation, avec les gens qui sont un instant nos voisins, l'application de certains objets de la vie sociale. A aucun moment la commune ne peut devenir la forteresse de l'ignorance ou de la passion et opprimer la vie individuelle. Nous ne pouvons plus admettre que, sous prétexte de vie locale, nous soyons condamnés à l'arbitraire d'un maire et d'un conseil municipal, tenus de boire de l'eau croupie, de patauger dans les fondrières de ruelles infectes, d'entasser nos enfants dans des écoles malsaines et de leur donner des sacristains comme instituteurs ; que Français et étrangers conduits par leurs obligations, leurs affaires ou même leurs plaisirs, à habiter telle ville ou tel bourg, y soient victimes de l'ignorance, de la négligence, des rancunes, des jalousies de prétendus représentants de la vie locale et qu'une majorité d'imbéciles ou d'incapables contraigne la minorité à une vie de sauvages. Le groupement communal n'a donc plus la valeur qu'on est disposé à lui accorder ; il ne peut exister que sous le contrôle incessant de la nation. Le morcellement de celle-ci en une foule de petites sociétés autonomes auxquelles on essaierait vainement de donner une vie factice en leur reconnaissant des intérêts distincts et bientôt en conflit, irait à l'encontre du grand mouvement d'unification des temps modernes.

Entre la commune, première circonscription administrative naturelle et la nation, réalisation pratique de la société humaine, se placent toutes les circonscriptions administratives imaginées par les peuples, ou imposées par les conditions dans lesquelles la nation s'est agrégée : provinces, comtés, départements, districts, cercles, arrondissements, cantons, etc. Une nécessité banale impose ces divisions ; pour administrer un territoire, il faut fixer des circonscriptions aux administrateurs et grouper certains intérêts par région. Aucune autre règle que la nécessité des services ne dicte l'étendue et la superposition de ces circonscriptions. Telles qu'elles sont, nos circonscriptions administratives existent depuis plus d'un siècle. Il est paradoxal de vouloir les maintenir, au temps des rapides et du téléphone, comme au temps des diligences Laffitte et Caillard et du télégraphe aérien de Chappe. Le fétichisme avec lequel nous les maintenons ne s'explique que par la routine administrative et plus encore par l'avidité des intérêts locaux mal compris ; leur vice vient de notre esprit qui les veut immuables. Nous devons, pour chaque service public, les remettre à la mesure du temps présent ; les différents services n'ayant ni la même étendue, ni le même objet, logiquement les cadres et les divisions ne doivent pas être les mêmes. En quoi cela nous gêne-t-il que la France soit divisée en cinq parties pour un service, en quinze pour un second, en trente pour un troisième ? Cela aussi est affaire d'organisation du service, et, avant tout, l'œuvre du chef de service. Avec les moyens actuels de communication, chaque directeur peut effectivement diriger de son bureau, jour par jour, tout son service ; il peut, en laissant une grande initiative à chacun de ses agents, rester cependant en contact avec tous, activer les uns par l'expérience des autres et faire donner à tous, à tout instant, le maximum. Mais nous l'empêtrons dans le dédale des circonscriptions administratives et dans des superpositions des papiers, qu'il est tenu d'exiger et de classer. Laissons-le apporter les simplifications nécessaires, sous sa responsabilité, et gardons-nous de briser son activité et sa direction, en lui imposant de nouvelles répartitions géographiques plus ou moins arbitraires. Si ingénieuses qu'elles soient, elles n'auront jamais de vertu intrinsèque : elles ne nous donneront pas, par elles-mêmes, un meilleur service public.

Quelques-uns imaginent que nous devons, avant tout, remanier les cartes administratives de la France, que nos affaires iraient mieux instantanément, si nous nous décidions à sortir du département pour aller à la région ; avec des traits rouges, noirs, bleus et des teintes plates variées, en un tour de main, ces hommes bien intentionnés refont la carte intérieure de la France, imaginent des parlements et des ministères régionaux et du même coup pensent avoir établi le règne de la démocratie. C'est plutôt aux provinces de l'ancien régime qu'ils nous ramèneraient et à un morcellement de la France dont nous ne voulons à aucun prix, car il détruirait promptement l'unité nationale. Nous restons attachés au département, non seulement par piété pour la révolution française, mais parce que nos habitudes s'y sont adaptées et qu'il demeure un cadre commode pour un grand nombre de services publics ; mais l'arrondissement ne répond plus à rien.

Nous comprenons au contraire très bien que le canton peut être l'instrument de la décentralisation d'autorité que nous demandons. Au canton, peuvent être groupés une demi-douzaine de fonctionnaires de l'administration centrale, le juge de paix, le receveur des contributions, l'instituteur chef, le conducteur des Ponts et Chaussées, l'agent central des postes, le chef du service de police. Investis chacun de toutes les attributions et de toute l'autorité que comportent leurs fonctions, dotés des instruments de travail nécessaires, ils peuvent, sous le contrôle de leurs chefs départementaux ou régionaux, résoudre immédiatement la plupart des difficultés, contribuer puissamment au développement de la vie sociale et à l'amélioration des conditions individuelles. C'est une sorte de petit ministère qui serait installé au canton et qui, dans des réunions fréquentes et obligatoires, par exemple sous la présidence du juge de paix, examinerait les affaires du canton et les coordonnerait. Cette action locale fortement décentralisée exigerait aussi un contrôle politique; les tyrannies locales doivent être brisées, comme les nationales; mais nous trouvons déjà, à l'époque révolutionnaire, le principe des municipalités cantonales. Chaque conseil municipal enverrait un ou deux délégués au canton : ceux-ci seraient tenus de se réunir, au moins une fois par mois, sous la présidence du conseiller général. Ils pourraient, dans les matières qui sont d'intérêt intercommunal et qui seraient spécialement désignées, prendre des délibérations obligatoires pour les communes. Ainsi on pourrait remédier au morcellement excessif des communes françaises, développer tant de services essentiels qui, pour notre honte, restent rudimentaires et, par la communauté et les fusions, améliorer singulièrement les autres. Un secrétaire cantonal, attaché à la fois au conseil cantonal et au comité des agents principaux du canton, fonctionnaire permanent, déchargerait les maires de beaucoup d'attributions qui les écrasent et, par les renseignements qu'il pourrait constamment donner, maintiendrait la bonne administration dans les communes. Quant au conseiller général, à ce maire du conseil cantonal, pourquoi continuerions-nous à le faire élire par l'ensemble des électeurs du canton ? La logique, dans cette organisation nouvelle, nous conduirait à en faire l'élu des conseils municipaux du canton. Croit-on que ceux-ci, et, au delà du canton, le conseil général du département s'en trouveraient plus mal ? Il est au contraire certain que cette élection à deux degrés serait favorable à la fois à la bonne gestion du canton et du département. Nous n'avons aucun intérêt à multiplier les appels au suffrage universel et à provoquer ainsi inutilement des ambitions et des luttes. Le suffrage universel s'impose pour les affaires de la commune ; il s'impose pour celles de la nation ; en dehors de la commune et de la nation, il n'a plus de justification.

CHAPITRE III

La force politique. — Son principe et son organisation dans la République Française Empirisme excessif des solutions adoptées

Principe de la force politique

Par des arrangements rationnels nous pouvons, en quelque sorte mécaniquement et dans toute la limite des possibilités humaines, produire l'honorabilité, la compétence, le dévouement qui nous garantiraient une bonne gestion des services publics.

Nous voulons faire cela, non pour des buts surhumains, mais pour nous, notre vie, celle de nos enfants, pour tirer de cette vie ce qu'elle peut donner dans la paix intérieure et extérieure de la République ; nous voulons que chacun trouve dans les moyens de vie que la nation doit mettre à sa disposition le maximum que comportent les conditions générales et individuelles : chacun doit donc être en mesure de porter un jugement sur l'organisation de la vie en commun.

Cette force administrative permanente, dont nous venons de comprendre la nécessité et qui peut être aménagée avec cette sûreté, n'agit que pour le nombre ; son action doit être constamment contrôlée, jugée et au besoin redressée par le nombre. Les services publics sont faits pour nous, uniquement pour nous. Croit-on que nous nous sommes débarrassés des rois et des empereurs pour nous livrer à des oligarchies de fonctionnaires ? Nous demandons que chaque agent soit investi résolument de toute la part d'autorité que comporte sa fonction ; nous voulons mettre une élite à la tête de chaque service public ; nous croyons que, si l'on veut s'en donner la peine, cette élite est facile à constituer, qu'elle nous procurera aisément, à nous et aux étrangers, ce dont nous avons tous un besoin absolu, l'honorabilité, la compétence, le dévouement dans la gestion des services publics ; mais cette élite n'agit que pour nous ; elle n'agit que pour le nombre. Le nombre n'est plus du matériel humain mis à la disposition d'expérimentateurs responsables seulement devant Dieu et leur conscience et poursuivant des fins inaccessibles au commun entendement des hommes. La destinée du nombre, c'est tout l'objet de l'effort humain, tout ce qu'on trouve au fond des religions.

On ne gère pas une nation pour la grandeur mystique d'une patrie; on la gère pour le bonheur des hommes qui la composent. Ils doivent donc être mis constamment en mesure de juger l'action des gérants.

Souveraineté du peuple, volonté nationale : les professeurs ont beau jeu maintenant à démontrer que ce sont là des expressions périmées. Nous autres, qui regardions de si près les misères humaines abritées sous ces grands mots, nous savions depuis longtemps qu'ils dépassaient la réalité. A quoi bon d'ailleurs épiloguer sur des mots : le principal est que nous ne nous fassions plus d'illusion sur le pouvoir et les mérites de ceux qui prétendent représenter la souveraineté nationale et que nous ne leur demandions pas autre chose que ce qu'ils peuvent donner pour notre bien et dans la limite des forces humaines.

La réalité, c'est l'opinion publique, l'opinion moyenne et nécessaire du nombre sur l'action sociale. Cette opinion doit pouvoir exercer constamment une influence souveraine sur la gestion des services publics ; c'est là toute la République.

La force administrative est la force d'action et de progrès ; de son organisation rationnelle dépendent le bonheur ou le malheur des individus, la grandeur ou la décadence de la nation. Dès qu'elle est établie, le contrôle souverain du nombre devient indispensable. Si ce contrôle n'existe pas et s'il n'est pas souverain, la force administrative ne sert plus le peuple ; elle le tyrannise. Le contrôle du nombre, c'est le pouvoir politique : le pouvoir politique réalise la force du nombre contrôlant, équilibrant et au besoin redressant la force administrative. Mais ici l'empirisme et souvent le plus grossier domine. Avec un peu d'application, le plus modeste citoyen découvre assez facilement comment il doit organiser la force administrative qui servira sa vie ; il ne voit pas d'autre méthode que de faire ce qu'il fait, quand il veut réussir une boucherie, une épicerie, une maison d'éditions ou une entreprise de transports en commun : de l'honorabilité, de la compétence, du dévouement et de la durée. Mais dès qu'il aborde l'organisation de la force politique, plus de raisonnements et de réalités : des sentiments et des passions.

Le suffrage universel

Comment donner au nombre le moyen de contrôler, de juger et au besoin de redresser l'action des administrateurs ?

Par l'agora ou les comices populaires ? Assurément non ; matériellement, c'est impossible ; fut-ce possible, ce serait absurde. La gestion d'un service public ne comporte pas le jugement en place publique. Le nombre peut donner directement ou indirectement mission à quelqu'un, responsable devant lui, de juger, en son nom, la gestion des services publics ; le nombre ne peut pas, ne pourra jamais, faire utilement autre chose. Les services publics qui font notre vie, tomberaient dans le désordre et l'anarchie, s'ils étaient ainsi livrés au jugement direct du nombre, à ses mouvements impulsifs, à ses préjugés, à ses ignorances, à ses colères, à ses passions. Ce contrôle nécessaire, le nombre doit le déléguer à des gens qui seront responsables devant lui de la façon dont ils auront exercé le contrôle.

Ces contrôleurs constitueront la force politique qui dominera la force administrative et assurera la maîtrise du peuple sur ses services publics. On a beau tourner et retourner le problème en tous sens : on ne trouve pour permettre au nombre de contrôler, de juger et au besoin de redresser l'action des administrateurs, que des élections périodiques. Mais quelle élections? Quoi de plus empirique qu'une élection : imprudent qui essaie d'opposer la logique du raisonnement aux traditions, aux habitudes ou aux passions d'un peuple ; autant raisonner sur l'amour et la haine. Toutefois du chaos des constitutions et des systèmes politiques, quelques idées générales se dégagent. Pour cette réalisation, par l'élection périodique, de la force politique appelée à contrôler et au besoin à dominer la force administrative, le suffrage universel s'impose. Puisque l'élite n'agit que pour le nombre, chacun doit pouvoir faire connaître son jugement sur l'action de l'élite, les plus humbles et les plus malheureux, comme les plus fiers et les plus heureux ; c'est surtout pour les premiers et souvent contre les seconds que l'élite travaille ; elle tend, elle tendra de plus en plus, à procurer autant que le permet la nature humaine, à tous, des moyens de plus en plus efficaces pour la conquête du bonheur. La vie du plus malheureux est aussi grande, aussi importante que la vie du plus heureux : elle est tout son bien à lui ; elle mérite autant de soins et de respect : l'unique objet de l'organisation sociale, c'est qu'il puisse sortir de son malheur, s'il veut, pour devenir heureux. Le plus malheureux et le plus heureux doivent pouvoir dire tous deux à égalité ce qu'ils pensent de ceux qui ont pris la charge de les mener vers une meilleure humanité.

Suffrage universel ; mais alors aussi universel que possible. Seuls doivent être exclus les incapables et les indignes. Nous sommes beaucoup trop larges à ce point de vue et maintenons le droit de suffrage à des milliers de fraudeurs et d'ivrognes qui devraient en être privés au moins temporairement. Par contre, nous croyons rester fidèles aux traditions de notre race, en refusant le droit de vote aux femmes. Elles sont chez nous la vertu, la sagesse et l'esprit du foyer : dans beaucoup de ménages, la femme vaut mieux que l'homme : elle a souvent plus de culture, de finesse et de bon sens ; c'est elle qui instruit les enfants, qui épargne, combine pour l'avenir, pense à des lendemains meilleurs, construit et, souvent à travers quelles difficultés, l'avenir des siens ; dans presque toutes les familles françaises, elle est la plus sûre gardienne de la dignité de la maison et du bonheur des enfants. Quand ils tombaient sur le champ de bataille, le dernier cri que poussaient nos fils, comme suprême hommage à la vie, c'était « maman ». Nous savons tous cela ; nous savons que ce n'est pas par une vaine galanterie que les historiens ont souvent attribué aux qualités des femmes françaises le meilleur de la France. Et nous leur refusons obstinément le droit de vote ; et nous resterons les derniers à ne pas leur permettre d'agir, par l'élection, sur l'administration des services publics qui les intéressent autant que les hommes : c'est une honte pour nous.

Mais elles ne penseront pas comme nous ! Raison de plus pour leur donner le droit de vote ; s'il était assuré qu'elles penseront toujours comme leurs maris, leurs pères ou leurs frères, nous pourrions nous en dispenser. Pour chacune d'elles aussi, tout se ramène au droit de vivre sa vie et d'en trouver tous les moyens possibles dans l'organisation sociale. Nous voulons, par une sorte de préjugé salique, les courber toujours sous la loi de l'homme : la loi nouvelle doit être aussi bien la loi de la femme que celle de l'homme. Précisément parce qu'elles sont physiquement plus faibles, elles doivent pouvoir, par la loi, se défendre au besoin contre lui et agir, autant que lui, sur les conditions de l'organisation sociale.

Le parlement

Tous les hommes et toutes les femmes d'une République doivent donc être mis en mesure d'exercer un contrôle constant et souverain sur cet ensemble de services publics qu'on appelait jadis l'État et qui n'ont pas d'autre but que de procurer à chacun d'eux et à chacune d'elles, pour eux-mêmes et leurs enfants, les moyens d'une vie meilleure. Ce contrôle, ils savent qu'ils ne peuvent l'exercer directement ; mais ils savent aussi, par les expériences les plus douloureuses, qu'il devient illusoire s'ils s'en dessaisissent d'une façon permanente au profit d'un monarque ou d'un dictateur : l'homme prédestiné leur fait bientôt voir qu'ils ne sont plus pour lui que du matériel humain et que la terre promise est celle qu'il conçoit et non celle qu'ils voudraient.

Tous les peuples, les uns après les autres, en viennent à l'élection périodique de délégués, de mandataires chargés d'exercer pour eux ce contrôle souverain, et responsables, devant eux, de la façon dont le contrôle a été exercé. S'ils l'ont mal exercé, on ne les réélira pas. Réunis en asemblée, y apportant ainsi de toutes les parties du territoire les opinions communes des Français, confrontant publiquement ces opinions les unes avec les autres, contribuant puissamment, par ces discussions publiques, à dégager et à fixer l'opinion moyenne, loi de la République, ces délégués choisissent eux-mêmes directement ou indirectement un petit nombre de ministres, pour tirer les conclusions de cette opinion moyenne et prendre les décisions qu'elle comporte.

Parlement et ministres, nous ne voyons pas d'autre système pratique ; il est souple et fécond, à condition qu'on ne donne pas au parlement et aux ministres d'autre rôle que celui pour lequel ils sont faits : arrêter le budget, contrôler les services publics, fixer les lois.

Les attributions normales du Parlement

D'abord et avant tout, arrêter le budget annuel, c'est la grande affaire, celle qui remet chaque année en question le fonctionnement des services publics.

Chaque année, parce que c'est la principale mesure de temps de l'activité des hommes, celle dans laquelle ils enferment leurs coutumes et leurs mœurs. Le budget annuel n'est pas un principe absolu ; il pourrait être biennal, sans renversement de la République ; mais plus la période s'allonge, moins le contrôle devient strict. Sauf circonstances exceptionnelles, une République doit maintenir énergiquement l'annualité du budget. A propos du budget, le parlement revoit ainsi en détail chaque année tous les services publics ; il est contraint d'en suivre et d'en juger la gestion ; il peut apporter les modifications désirables. La publicité du budget et des débats qu'il provoque renseignent Français et étrangers sur l'action sociale ; devoir de la nation envers elle-même et envers les autres nations, puisque c'est seulement par l'étude d'un budget clair et véridique que les autres nations peuvent connaître l'objet de la politique de chaque pays. Un parlement qui se bornerait à discuter et à voter avec un soin extrême le budget et à surveiller le fonctionnement des services publics, sans faire autre chose, aurait déjà rempli la fonction essentielle du parlement.

En dehors du vote du budget, le parlement doit constamment suivre la gestion de tous les services publics, non pas nécessairement sous la forme d'interpellations retentissantes qui procurent plus de notoriété à l'interpellateur que d'amélioration au service public, mais par le contrôle vigilant de commissions qui sont organisées chez nous d'une façon beaucoup trop rudimentaire et pour lesquelles, à maintes reprises, les parlementaires eux-mêmes ont réclamé un meilleur outillage.

Les philippiques qui dénoncent à grand fracas les vices des services publics n'ont généralement aucun effet. A tout instant quelqu'un monte à la tribune et dit : « L'an dernier, à pareil jour, j'ai demandé que les terres fussent mieux cultivées, que les bœufs augmentent de poids et que nous ayons deux fois plus de cochons ; voyez : c'est écrit au *Journal Officiel* ; rien n'a été fait ; c'est la faute de la bureaucratie : si je deviens ministre, je saurai détruire la bureaucratie. » Applaudissements, parfois affichage ; ce tour grossier réussit presque toujours ; ce n'est pas là du contrôle. Les commissions permanentes du parlement peuvent, sans tant de bruit, faire beaucoup plus de besogne. Ce n'est un mystère pour personne qu'elles ont rendu pendant la guerre des services signalés ; elles ont puissamment contribué au salut du pays ; elles suffisent à la vie journalière de la nation ; l'interpellation est la ressource exceptionnelle pour obliger un gouvernement à s'expliquer publiquement sur sa politique et à prendre ouvertement ses responsabilités : c'est user cette ressource que l'employer chaque semaine à propos de tout et la mettre à la disposition du premier venu.

Par contre, comment ne serions-nous pas surpris et alarmés de l'intermittence des commissions les plus importantes. Quand le parlement est en vacances, des mois passent sans qu'elles se réunissent ; les plus graves événements s'accomplissent, sans aucun contrôle exercé au nom du parlement, c'est-à-dire en notre nom, sur des décisions qui engagent toute la nation.

Le parlement chez nous ne siège guère, effectivement plus des deux tiers de l'année : pendant huit mois, des interpellations à jet continu, l'obligation de s'expliquer sur tout, à propos de tout ; chaque semaine, un déluge de paroles inutiles et souvent imprudentes ; pendant quatre mois, le pouvoir personnel, sans aucun contrôle sérieux ; car on ne peut tenir pour une garantie suffisante la liberté de la presse et même les discours plus ou moins fréquents que certains ministres, pendant ces quatre mois, prononcent pour annoncer ou justifier leurs actes.

Enfin les élus de la nation doivent fixer les lois ; grande tâche assurément, mais sur laquelle nous ne pouvons plus avoir les idées du passé.

La loi n'est plus pour nous un ensemble de prescriptions divines ou quasi divines ; elle n'est que l'expression faillible et imparfaite de la commune opinion moyenne des citoyens sur les règlements sociaux nécessaires ou utiles à chaque époque de la nation. Telle qu'elle est cependant, elle est la loi, la règle commune de la vie sociale ; elle ne peut être arrêtée définitivement que par les élus de la nation.

Mais les élus ne doivent pas croire qu'ils sont tenus constamment de faire des lois nouvelles et d'élaborer perpétuellement un état social nouveau : un parlement n'est pas une usine à lois ; son mérite ne se mesure pas à la grosseur du *Bulletin des lois*.

Depuis plus de cent ans, et même seulement en prenant celles de la République, depuis cinquante ans qu'on fait ainsi des lois à tour de bras, à quel prodigieux état de perfection sociale ne serions-nous pas parvenus si les lois avaient tant d'efficacité !

La faculté de légiférer, sans aucune préparation, sur tout, à propos de tout, donnée à tous les élus, engendre une quantité de papiers où se disperse une activité qui pourrait être mieux employée.

La faculté d'élaboration des lois nouvelles devrait être limitée et réglementée. Même, en matière législative, nous pensons que, dans une République, la besogne principale des élus de la nation doit être avant tout une besogne de coordination et de contrôle plutôt que de création.

Si un mouvement général de l'opinion réclame une loi nouvelle ou une modification profonde aux lois anciennes, il faut réserver au parlement la possibilité de prendre l'initiative de cette loi ou de cette modification. Encore devons-nous être certains que ce prétendu mouvement d'opinion ne part pas du parlement lui-même et de quelques cervelles parlementaires en ébullition.

Pour les cas ordinaires, il serait prudent de chercher, en dehors du parlement, la première expression de cette opinion publique, de faire préparer avec un soin extrême le dossier de cette loi nouvelle et de réserver au parlement seulement le contrôle et la sanction : on se plaint parfois de la lenteur des procédures parlementaires ; c'est de leur insuffisance que nous devons nous plaindre. Le moindre acte administratif est précédé de formalités nombreuses et compliquées, d'enquêtes, de contre-enquêtes, de consultations de toute nature ; une loi peut être votée sans aucune préparation. Cela n'a pas grand inconvénient pour les lois dites politiques. Les passions qu'elles soulèvent, font qu'elles sont longuement discutées et leur portée réelle est souvent moindre que nous ne l'imaginions. Mais pour les lois dites d'affaires, les plus importantes, il en va souvent autrement. Quelques intéressés les rédigent dans le secret des commissions ; on les vote presque sans discussion, sur des rapports sommaires. Le texte garde la trace des états d'esprit différents des hommes qui les ont combinées. Elles satisfont peu de gens ; parfois ceux mêmes qui les avaient provoquées, n'y trouvant pas les ressources espérées, sont les premiers à les critiquer lorsqu'elles ont paru au *Journal Officiel*.

Instruits par tant d'expériences fâcheuses, nous ne comptons plus bénévolement sur la puissance génératrice des lois ; nous en avons trop vu ; nous avons vu trop de lois mal faites qu'on voulait corriger ensuite à coups de lois qui n'étaient pas mieux faites ; nous avons la nausée de cette fabrication et de cette faillite des lois. Nous savons que les lois détruisent assez aisément, mais qu'elles créent plus difficilement. Nous avons vu trop de législateurs se donner trop de mal pour combiner trop de dispositions si lointaines de la réalité. Chaque jour nous avons vu la vie échapper avec souplesse aux lois, non pas seulement aux politiques, mais à celles qui avaient été préparées pour les affaires par des hommes d'affaires et ce n'est plus aux lois affichées ou tambourinées que nous demandons l'avenir.

Les systèmes pour l'élection du Parlement. — Proportionnalisme ou scrutin majoritaire ?

Par quelle procédure devons-nous élire nos délégués au contrôle des services publics ? majoritaire ou proportionnaliste ?

Si l'on s'en tient à la nature exacte de la mission confiée au délégué parlementaire, le raisonnement conduit au système majoritaire. Pourquoi élisons-nous ce délégué : pour appliquer certaines idées préconçues chez nous ? En aucune manière ; toutes les fois qu'on a fait cela, on a fait des sottises. Même dans les questions les plus élémentaires, comme la paix et la guerre, nous ne pouvons avoir d'idées préconçues, commandant la décision finale ; des sentiments, des désirs, des tendances, oui ; mais non tous les éléments nécessaires du jugement qu'il faut, en définitive, porter sur la gestion d'un service public.

Chacun de nous, s'il est un homme raisonnable, en son âme et conscience, ne pourrait, suivant la veille formule française, porter ce jugement qu'après avoir étudié le dossier : c'est pour étudier attentivement le dossier et décider ensuite en notre nom, que nous élisons un parlementaire.

Si nous ne sommes pas contents de l'étude faite et de la décision prise, nous ne réélirons pas le parlementaire ; en attendant, la décision qu'il a prise, en notre nom, vaudra pour nous et contre nous.

Cette mission de plénipotentiaire que nous donnons à un homme pour plusieurs années et pour toutes nos affaires publiques, extérieures et intérieures, pendant ces années, avec toutes les conséquences que cela entraînera pour chacun de nous, comporte la confiance personnelle dans l'élu. C'est un mandataire, avec un mandat limité dans le temps, illimité dans l'objet et qui, malgré toutes les spéciosités du mandat impératif, ne doit pas et ne peut pas être en fait limité. Nous donnons ce mandat parce que nous avons confiance dans l'élu, nommément désigné, de préférence à tout autre. A raison des idées qu'il exprime ? Sans doute, la concordance de ces idées et des nôtres est un des motifs de l'élection; médiocre garantie, pourtant, si le candidat n'était qu'un farceur. Nous le nommons parce qu'il promet de conformer ses décisions à des manières de penser qui nous sont communes, mais, surtout, parce que nous le croyons de nature à tenir et à réaliser ces promesses, parce que nous avons confiance en lui pour gérer les affaires publiques.

Cette conception simpliste conduit directement au scrutin uninominal par circonscription. Entre plusieurs candidats est choisi celui qui correspond le mieux à l'opinion moyenne de la circonscription, celui en qui les électeurs ont le plus de confiance pour maintenir constamment les décisions gouvernementales dans la ligne de cette opinion moyenne.

Sous nos yeux ce scrutin majoritaire uninominal a fait la République, laquelle a sauvé la France ; par contre, sous nos yeux également, il a réduit en servage beaucoup de parlementaires.

Pendant longtemps les plus éminents députés ont crié sur les toits que leur recrutement se faisait par des procédés dignes de la mentalité d'un Papou. Au lendemain du scrutin qui assurait leur triomphe, ils avaient un rictus en parlant de la campagne électorale. C'est l'un d'eux et non des moindres qui a buriné ce portrait du potentat de sous-préfecture

« Ses opinions se sont modifiées, mais ses rapports avec les électeurs sont restés les mêmes : à la fois esclave et souverain, domestique et despote, il fait leurs commissions et les fait trembler. »

Après d'interminables discussions on a substitué au scrutin majoritaire uninominal, par arrondissement, un scrutin de liste proportionnel par département qui, tout en donnant des avantages à la majorité, assure néanmoins la représentation des minorités. A peine est-il appliqué qu'il donne lieu aux critiques les plus ardentes ; sous prétexte d'accroître l'influence des électeurs, il la réduit ; les listes se font en dehors d'eux, ils sont obligés de les prendre à peu près telles qu'on les leur apporte. On dit bien qu'ainsi les candidats exercent un contrôle, les uns sur les autres. Quel contrôle ? Trois Robert Macaire ne peuvent-ils s'entendre avec un Joseph Prudhomme pour faire une liste dans laquelle l'un apporte beaucoup d'argent et les autres un dangereux entregent ? N'avons-nous pas, aux élections de 1919, vu des braves gens inscrire gravement sur leur liste et faire élire un repris de justice ? Sans nier ce contrôle, il est loin, dit-on, de valoir celui que pouvaient exercer dans le cadre restreint de l'arrondissement les électeurs mis en demeure de choisir Pierre, Paul ou Jacques. Ils se trompaient souvent et même grossièrement, c'est entendu ; mais, du moins, on ne leur avait rien demandé d'exorbitant en les invitant à dire quel était celui qui leur inspirait le plus de confiance.

Avec les scrutins nouveaux c'est bien plus sur des idées et des programmes que sur des hommes qu'il faut se prononcer. Or, nous savons, par expérience, qu'entre les idées, les programmes et la réalité, la distance est aussi grande que des nuages au sol ; les idées, les imaginations, les belles architectures de l'esprit grouillent dans toutes les cervelles : bien peu de gens savent les mettre en pratique. Nous avons beaucoup de peine à porter un jugement précis sur les faits les plus connus et les plus commentés de notre histoire : la valeur exacte des actes et des projets de la Révolution demeure encore obscure pour nous ; des hommes considérables consacrent leur vie à l'étudier et à la discuter et la plupart des Français sont incapables de formuler une opinion scientifique sur ce grave sujet ; comment pourront-ils se prononcer, avec plus d'utilité, sur les programmes ou les rêves de transformations futures ? Sur les questions les plus précises, impôts directs et indirects, chaque Français, même cultivé, n'est pas apte à prendre individuellement une décision utile ; il ne connaît pas le dossier ; il n'apercevrait pas toutes les répercussions de sa décision ; presque inévitablement, choisir des idées c'est, en fait, se diriger uniquement d'après son propre intérêt.

Le choix de l'homme, du mandataire qu'on prend, parce qu'on le connaît, est au contraire une base normale et solide. Sans doute ce choix a été fait longtemps chez nous par des procédés très imparfaits. Ces imperfections ont été mille fois démontrées par les hommes les plus éloquents de la Chambre. Nous savions tous, par exemple, que l'arrondissement de Barcelonnette, avec trois mille électeurs environ, avait droit à un député, et que le premier arrondissement de Nantes, avec plus de trente mille électeurs, n'avait droit également qu'à un seul député, ce qui faisait qu'un électeur des Basses-Alpes valait dix électeurs de la Loire-Inférieure. Nous savions tous que ces inégalités absurdes se multipliaient sur le territoire de la République et qu'ainsi, dans la représentation nationale, notre suffrage pouvait valoir de un à dix, suivant le lieu que nous habitions. Nous savions tous que, dans une Chambre, la majorité des électeurs français pouvait ne pas être représentée ; et il s'agissait là du total des voix obtenues par tous les députés de tous les partis ; comme il suffit du consentement de la moitié plus un des députés pour assurer le vote d'une loi par la Chambre, en définitive on trouvait que si l'on réunissait, dans un scrutin imaginaire, tous les députés qui avaient eu le moins de suffrages, un million de Français pouvaient faire la loi et l'imposer à douze millions d'électeurs et à vingt-cinq millions de Français et de Françaises, âgés de plus de vingt ans, dénombrés aux recensements d'alors.

Ces calculs ont été faits et refaits dans tous les journaux ; pas de village où ils n'aient été commentés ; ils ont contribué à emporter le scrutin d'arrondissement. Mais qui obligeait à maintenir, pour le scrutin d'arrondissement, tant d'inégalités et d'anomalies ? Pourquoi pas d'équilibre entre les circonscriptions ; parce qu'il eût gêné des arrangements électoraux : ce n'était pas une raison. La majorité relative vous choque : nul ne peut considérer comme un rite sacro-saint la désignation d'un député à la majorité dite si significativement relative ; il suffit de pousser les choses à l'extrême, de supposer qu'un grand nombre de candidats se présentent et maintiennent leur candidature au second tour, pour constater qu'un député peut, grâce à la majorité relative, être l'élu d'une infime minorité. Rien n'empêche qu'on maintienne pour le second tour, l'obligation de la majorité absolue et même d'une majorité plus forte. Si les électeurs n'arrivent pas à se mettre d'accord pour donner cette majorité à un candidat, ils ne seront pas représentés dans les assemblées de la nation ; un certain nombre de circonscriptions resteraient quelque temps sans représentant, pas bien longtemps : où serait le mal ? La plupart des inconvénients du scrutin d'arrondissement auraient disparu ; l'obligation, où se seraient trouvés les électeurs de s'entendre pour choisir un homme conciliant les sentiments des uns et des autres, garantirait qu'il représente bien cette opinion commune qu'un parlement est chargé d'exprimer ; un homme réunissant tant de suffrages sur son nom serait vraisemblablement un homme intelligent et un brave homme : que faudrait-il de plus ? Le système actuel qui a donné dans certaines régions électorales un candidat élu avec 19.000 suffrages tandis que l'un de ses concurrents avec 160.000 suffrages n'était pas élu, satisfait-il tant l'esprit ?

Voilà où nous en sommes : sur cette question essentielle, ceux qu'elle intéresse directement n'arrivent pas à se mettre d'accord. Tantôt ils annoncent qu'ils vont revenir au scrutin d'arrondissement ; tantôt que, bon gré, mal gré, ils s'en tiendront au nouveau système. Et certains arguments qu'ils ne donnent pas toujours explicitement, mais qu'on entend fort bien néanmoins, semblent sortir de combinaisons personnelles immédiates.

Débarrassons du moins la question de la fiction de la volonté nationale. La déclaration des droits a proclamé que la loi était l'expression de la volonté nationale : c'était, il y a cent trente ans, au lendemain de Jean-Jacques et du contrat social : nous en sommes bien revenus.

La volonté nationale, si elle existait, serait plus souvent négative que positive ; un peuple sait mieux ce qu'il ne veut pas, ou ce qu'il ne veut plus, que ce qu'il veut. Aucun raisonnement n'établira jamais que cinquante illettrés ou même plus, doivent imposer leur manière de voir à quarante-neuf Renan, Pasteur, Taine ou Anatole France.

Mais il est certain qu'il faut des règlements sociaux ; que ces règlements sociaux doivent correspondre aux habitudes, aux mœurs, aux opinions de la moyenne des Français, sous peine de demeurer lettre morte ; que l'organisation des services publics doit être tenue constamment en harmonie avec ces mœurs, ces habitudes, ces opinions pour seconder le développement de notre vie individuelle, faciliter notre conquête du bonheur et que tout cela intéresse autant l'ouvrier ou le cultivateur que Renan ou Anatole France. Il nous faut donc, pour la fixation des règlements sociaux, pour la détermination et le contrôle des services publics, un corps de fonctionnaires qui dépendent étroitement de nous, qui soient tenus de rester constamment en relations avec nous et de nous tâter constamment le pouls. Ces fonctionnaires-là ne sont pas d'une autre essence que tous les agents de la nation. Nous ne songeons pas à décourager ceux qui, avec une sombre résolution, descendent pour ramer sur les galères du peuple roi : que deviendrions-nous si le recrutement de cette glorieuse et nécessaire chiourme du vaisseau politique tarissait ; devrions-nous la tirer au sort ! Nous ne voulons pas toucher à l'orgueil des mandataires du peuple ; pouvons-nous cependant leur cacher que la distinction faite par Barnave, le 10 août 1791, entre le représentant du peuple et le simple fonctionnaire ne nous paraît plus, depuis longtemps, avoir aucun fondement philosophique.

Quel que soit le mode d'élection, le principal est donc qu'il y ait des élections et qu'elles soient assez fréquentes pour maintenir les élus sous notre dépendance ; en les élisant, nous pour qui tout se fait et par qui tout se fait, nous ne nous donnons pas des maîtres, des souverains, quaternaires ou nonaires, mais des mandataires, des contrôleurs investis, pour notre bien, de pouvoirs très étendus.

Puisque maintenant l'objet de la désignation est si précis, et la nécessité de ces contrôleurs généraux et souverains la même chez tous les peuples civilisés, pourquoi ne commenceraient-ils pas par tâcher de s'entendre sur le statut de l'élection ? Je pense qu'on ne nous opposera pas sur ce point le dogme périmé de la souveraineté nationale. Les résultats d'une élection seront toujours empiriques ; encore peut-on mettre du raisonnement dans les procédures et les règlements ; ce raisonnement est le même pour tous les peuples arrivés au même degré d'évolution ; comme il s'agit de la vie et de la paix des nations, cela ne concerne pas seulement chaque nation ; cela concerne toutes les autres. Demain ces élus du voisin décideront la paix avec vous ou la guerre contre vous ; ils arrêteront des mesures qui réagiront sur votre commerce, votre industrie, votre vie nationale, la vie de chacun de vous. Obtenez donc que ces mesures soient prises du moins avec le maximum de garanties, qu'elles soient bien les mesures d'une nation et non celles d'une oligarchie. Si, chez vous, les femmes votent, et si vous constatez que leur vote est un élément de pacification, pouvez-vous admettre que le peuple voisin les exclue du vote pour garder l'esprit belliqueux ?

Tant de conférences et les assemblées de la Société des Nations elles-mêmes nous acheminent peu à peu vers un parlement international qui fera les lois de la paix internationale ; le but est lointain, mais on y va. Commençons par faciliter ces institutions d'une Europe pacifiée, en leur donnant comme base des éléments comparables : c'est ainsi qu'on habituera peu à peu les esprits à la formation des Etats-Unis d'Europe. Il n'y a pas de souveraineté nationale, pas plus qu'il n'y a de souveraineté des individus ; il y a une liberté nationale, infiniment sacrée et qui est bien loin d'être suffisamment respectée et garantie ; mais, en matière de constitution, comme en toute matière, la liberté nationale est limitée par la liberté d'autrui : un peuple n'a pas plus le droit d'avoir une constitution dangereuse pour ses libertés et celles des autres, qu'un individu n'a le droit d'entretenir, chez lui, la scarlatine ou la peste.

Les conditions pour être élu et les incompatibilités

Nous n'exigeons, nous autres Français, de nos élus, aucune autre condition que celle de l'âge ; car on ne peut vraiment tenir pour une condition de capacité qu'ils n'aient pas été condamnés par la justice, qu'ils ne soient pas interdits, ou, s'ils sont commerçants, qu'ils n'aient pas fait faillite.

On ne peut obtenir la moindre place sans diplômes, examens, concours ; n'importe qui peut être député : seuls les fonctionnaires en activité de service ne peuvent cumuler leur fonction avec celle de député. Comment serions-nous surpris : ce n'importe qui, nous l'avons passé au crible de l'élection ; nous le choisissons parce que nous avons confiance en lui ; nous le faisons, d'un seul coup, supérieur à tous les diplômes. A nous de ne pas nous tromper et de ne pas le nommer s'il est un ignorant, ou un raté. Ses concurrents n'ont pas manqué de le disqualifier ; si nous le prenons néanmoins, c'est que nous supposons que ses insuccès personnels lui ont donné une expérience de la vie qui nous sera précieuse.

D'ailleurs à quels papiers pourrions-nous subordonner notre bulletin de vote ? Si nous jugeons sage de prendre un ouvrier ou un paysan, l'écarterons-nous parce qu'il n'est pas bachelier ou n'a même pas le certificat d'études primaires ? Notre liberté de choix doit rester absolue, mais absolue dans tous les sens.

Les démocraties sont portées à croire qu'elles garantissent la bonne gestion des affaires publiques en étendant les incompatibilités ; c'est une sottise. Exclure du mandat tous ceux qui, dans l'exécution de ce mandat, pourraient trouver un profit personnel, cela paraît d'abord une pensée judicieuse. Quand on veut dresser les listes, on s'aperçoit qu'on chasse du parlement beaucoup d'hommes honorables et dont la situation même marque une compétence utile pour la gestion des affaires publiques ; on ne chasse pas ceux qui n'ont pas besoin d'une profession ou d'une patente pour continuer des opérations très peu recommandables.

C'est à nous, à propos de chaque élection, de décider des incompatibilités. Sans doute, quelques-uns se serviront du mandat pour obtenir des situations qu'ils n'auraient pas eues sans cela ; ce n'est pas un mythe. Nous les jugerons à la prochaine élection ; et si nous les réélisons, c'est que nous trouverons que nous avons intérêt à le faire. Bon ou mauvais, le jugement du peuple, le voilà ; dans une démocratie, il n'y a rien à chercher au delà.

Toute tentative de dresser des listes d'incompatibilités aboutit à des contradictions et à des impossibilités. Pourquoi celui-ci et pas celui-là ? Vous voulez interdire à l'administrateur d'une entreprise concédée d'être député ; et pourquoi pas à l'avocat de cette entreprise ? Ce dernier peut être encore bien plus dangereux ; déjà, Ireton, en 1640, dans son plan du gouvernement républicain, voulait exclure les avocats du parlement. « Si un avocat est élu membre de l'assemblée représentative, il ne pourra pratiquer au barreau tant que dureront ses fonctions. » Nos parlements comptent beaucoup d'avocats ; on écrit parfois qu'ils ont été les rois de la République ; ils l'ont servie de leur mieux ; ils ont beaucoup plaidé pour elle ; elle les a royalement payés ; leur doit-elle autant de reconnaissance qu'ils pensent ? Déjà on ne conteste plus que le rôle de l'avocat dans notre organisation judiciaire soit excessif : il n'y a aucune raison d'imposer en fait, pour chaque procès civil, un avocat et un avoué à chacune des parties. Partout où l'on a confondu le rôle de l'avocat et de l'avoué et substitué la procédure écrite au duel oral des parties, on s'en est très bien trouvé. Chez nous-mêmes, cela est éclatant dans les procédures où nous l'avons fait : la procédure écrite est nettement supérieure à l'orale ; l'instruction menée par le juge, meilleure et plus économique que celle menée par les parties ; dans les privilèges de l'avocat, nous trouvons plus de routine que de raison.

Naturellement, l'avocat a porté au pouvoir les habitudes, les mœurs et l'esprit du palais : plaider ; très bien plaider le dossier de la France, plaider mieux que l'avocat du peuple voisin, gagner le procès ; toujours plaider; avoir de magnifiques succès d'audience; être affiché une fois, deux fois, trois fois, sept fois ; quelle gloire pour l'avocat et pour la France elle-même devant le tribunal des nations ! A coups de paroles défendre, en toute bonne foi, les intérêts confiés ; être un condottière d'idées, servir tantôt l'un, tantôt l'autre, tantôt la sérénissime République et tantôt notre saint Père le Pape. Après ces beaux succès d'audience, le client se tire d'affaire comme il peut ; on lui a gagné son procès, un procès difficile; que veut-il de plus? Il voudrait qu'on le fasse vivre chaque jour, un peu mieux que la veille : ce n'est pas l'affaire de l'avocat. Combien, si l'avocat n'était pas foncièrement honnête, sa profession se prêterait plus que toute autre aux collusions ! Demain, pour un procès, simplement pour un conseil donné à l'entreprise, à ses filiales, à quelque société du même consortium, l'avocat député recevra de gros honoraires. Pensez-vous qu'il devra les refuser ? Sa dignité professionnelle elle-même le lui interdirait ; c'est en toute conscience qu'il mélange les deux métiers : il est devenu député parce qu'il était avocat : il gagne plus d'argent comme avocat parce qu'il est député ; il est autant l'un que l'autre ; de quel droit arrêter la progression de sa carrière ? Certainement quand on y réfléchit, les avocats sont ceux pour lesquels on pourrait peut-être justifier l'incompatibilité : ils sont une infime minorité dans le pays ; ils vivent dans l'exception, car le procès n'est que l'exception. Cependant ils tiennent une place prépondérante dans la vie politique et forment plus du quart des députés. Allez-vous donc exclure les avocats du parlement ; n'y laisserez-vous que ceux qui ne plaident pas, ou ne donnent jamais de consultations ?

Renonçons donc à la chimère des incompatibilités ; établissons-les nous-mêmes, à chaque élection, d'après ce que nous pouvons savoir sur la moralité du candidat : pour le reste, confions-nous à ceux qui ont la charge d'appliquer les lois pénales ; tâchons d'empêcher que rien ne vienne arrêter leur action et surtout, par une judicieuse séparation des deux forces, la politique et l'administrative, ne permettons pas que la gestion des services publics soit trop facilement dominée par des motifs autres que ceux de l'intérêt public.

Le nombre des élus

Quel doit être le nombre des élus : un par 75.000; un par 100.000 habitants, ou plus ? Devons-nous, nous autres Français, avoir 400, 500 ou 600 députés ?

Nous devons en avoir assez pour faire constamment, activement et utilement la besogne capitale que nous demandons au parlement, contrôle toutes les affaires publiques, arrêter le budget, fixer les règlements sociaux ; nous devons en avoir assez pour pouvoir nous tenir en contact avec eux, les joindre, les mettre en mouvement et ne pas transformer le mandat que nous leur donnons en une sorte d'abdication. Nous devons en avoir assez pour trouver dans le nombre même des élus une garantie de libre discussion, d'activité dans la gestion des affaires publiques et de formation facile des gouvernements. Nous ne devons pas en avoir tant qu'ils se gênent et se mangent les uns, les autres. Jacques Bonhomme sait très bien que s'il met dix coqs dans une basse-cour où il n'y a de grain et de travail que pour quatre, la basse-cour est bientôt sens dessus dessous et la ménagère n'y trouve pas son compte.

Si nous avons trop de politiques, chacun d'eux sera constamment guetté par de nombreux rivaux ; ils entretiendront au parlement et dans le pays une agitation qui troublera la gestion des affaires publiques. Pour les apaiser, on créera des postes nouveaux ; on leur en attribuera qui ne leur conviennent aucunement et pour lesquels nous ne les avons pas nommés.

Le grand nombre des hommes politiques ne pourrait être justifié que par le désir de réunir dans un vaste collège beaucoup de concurrents à toutes les hautes fonctions et de passer les candidats au crible des luttes journalières. Mais nous sommes avertis des résultats que peut donner parfois ce genre de concours. Nous avons reconnu que le recrutement des hautes fonctions publiques devait être poursuivi, en dehors de l'élection, par des procédés plus rationnels et plus sûrs que l'élection et que le parlement ne peut être que le corps chargé d'exprimer le contrôle souverain du nombre sur la force administrative. Alors pourquoi tant de contrôleurs ? Ne voit-on pas qu'ils sont ainsi fatalement poussés à se dévorer les uns les autres, dans une lutte perpétuelle et sans merci ! On veut entrer au parlement, moins pour exprimer l'opinion publique. que pour l'atteindre ou la forcer : un discours heureux, moins que cela, une répartie, un geste, voilà un homme mis en lumière ; quoi qu'il dise désormais, les journaux lui font place ; ceux qui le critiquent le plus ne sont pas ceux qui le poussent le moins.

Si nous avons trois cents parlementaires de trop pour les fonctions normales du parlement, à quoi ces trois cents en surnombre emploient-ils leur activité, sinon à tâcher de se hisser aux besognes pour lesquelles les autres suffiraient ? On dit qu'ils ne travaillent pas : c'est inexact ; ils travaillent désespérément à attirer l'attention sur eux et à la détourner de ceux qui sont en place. Ceux-ci perdent leur sang-froid quand ils sentent tant de remplaçants agrippés à leurs basques. Comme l'homme en traîneau, pour arrêter les loups, ils jettent ce qu'ils peuvent. Cette concurrence enragée n'accroît pas l'utilité et la force du contrôle pour lequel nous les avons tous élus.

Ne perdons jamais de vue que tout cela est fait par nous et uniquement pour nous. L'organisation de la force politique dans une démocratie restera toujours beaucoup plus empirique que celle de la force administrative ; pour celle-ci on peut aller à coup sûr ; pour l'autre nous voyons pourtant des limites à l'empirisme ; ni anémie, ni hypertrophie dans le parlement d'une démocratie. Avec quatre cents parlementaires, un en moyenne par cent mille habitants, la France aurait de quoi assurer le contrôle souverain des affaires publiques aussi bien dans les provinces qu'à Paris ; elle trouverait les ministres et les commissions dont elle a besoin pour ce contrôle. A être ainsi ramassée, la force du nombre n'en serait pas diminuée : l'activité de la plupart des parlementaires trouverait à s'employer utilement dans le cadre normal des travaux du parlement et de ses commissions ; ils nous fourniraient bien les huit ou dix ministres qui doivent résumer le gouvernement de la France ; nous aurions moins de partis politiques, de chocs de théories, de rivalités effrénées, de joutes oratoires, d'interpellations, d'intrigues, de séances tumultueuses, peut-être même de séances publiques ; l'officiel serait moins long : qui s'en plaindrait ? Chaque élu serait un personnage plus considérable et peut-être, par cela même, plus stable. L'avocat d'arrondissement, le médecin de campagne, le moindre conseiller général, voyant moins souvent le voisin devenu député et même ministre, ne dirait plus : « Et pourquoi pas moi ? » Beaucoup de Français cesseraient de penser qu'il n'y a qu'un moyen de parvenir, entrer au parlement ; ils retourneraient avec plus de cœur à des besognes moins brillantes, mais peut-être non moins utiles. Le parlement se passerait de nombreuses et encombrantes ambitions; nous aussi : ce ne serait un mal ni pour les Français, ni pour les étrangers : une énorme assemblée, aux mouvements tumultueux, n'est bonne ni pour eux, ni pour nous ; déjà Mirabeau se plaignait de la lourdeur passionnée de la Constituante.

Au surplus, ce n'est pas là une question vitale. Quatre cents députés nous suffiraient, sans doute ; on en veut cinq cent quatre-vingt-quatre : soit ; nous n'en mourrons pas, comme nous mourons de la désorganisation des services publics.

Mais nous n'avons pas seulement cinq cent quatre-vingt-quatre députés ; nous avons aussi trois cent quatorze sénateurs et voilà chez nous ce qui complique le problème.

Pourquoi un Sénat ?

Ces trois cent quatorze sénateurs, nous les désignons par une procédure autre que les députés.

Ceux-ci, qui doivent avoir vingt-cinq ans au moins, sont nommés pour quatre ans, par tous les électeurs inscrits dans chaque commune sur les listes électorales, c'est-à-dire par les citoyens âgés de vingt et un ans accomplis, ayant dans la commune leur domicile juridique. Perdent le droit de vote les individus frappés de certaines pénalités, les interdits et les faillis ; en sont privés ceux qui paient le plus cher les erreurs du pouvoir politique, les militaires en activité de service. L'élection des cinq cent quatre-vingt-quatre députés se fait en bloc tous les quatre ans, au scrutin de liste, avec représentation proportionnelle des minorités.

Les trois cent quatorze sénateurs, qui doivent avoir quarante ans au moins, sont nommés pour neuf ans, par département, par un collège électoral réuni au chef-lieu du département comprenant les députés, les conseillers généraux, les conseillers d'arrondissement, les délégués de chaque conseil municipal, au total mille à quinze cents électeurs par département.

Le Sénat se renouvelle partiellement et par tiers tous les trois ans. Pour être élu sénateur, il faut obtenir au premier ou au second tour de scrutin, la majorité absolue des suffrages et un nombre de voix au moins égal au quart des électeurs inscrits. Si cette majorité n'est pas atteinte, un troisième tour de scrutin a lieu immédiatement ; celui qui obtient alors la majorité relative, c'est-à-dire le plus de voix, est proclamé élu.

Les trois cent quatorze sénateurs sont donc élus par tiers pour neuf ans, sans représentation des minorités par soixante dix mille citoyens environ occupant déjà des fonctions électives ; les six cents députés, sont élus en bloc pour quatre ans, au scrutin de liste, avec représentation de minorités, par douze millions d'électeurs comprenant en somme tous les citoyens français âgés de plus de vingt et un ans.

Ces brèves indications suffisent pour montrer l'empirisme de ces solutions : il est presque aussi vain de critiquer ces arrangements que de chercher à les justifier au nom des principes.

Mais pourquoi avons-nous un Sénat ? Il est beaucoup plus facile d'énumérer les services rendus à la république par le sénat, que d'expliquer pourquoi la troisième République devait nécessairement avoir un Sénat.

Le Sénat, dit-on, représente une somme d'expérience considérable. Comment en serait-il autrement : à eux tous, ces hommes vénérables, ont plus de dix-huit mille ans !

On ajoute que le suffrage restreint corrige les mouvements du suffrage universel ; qu'en retardant les lois, il les a souvent améliorées ; en les ajournant indéfiniment, il a parfois rendu service ; qu'il est utile, pour une démocratie, d'avoir au-dessus de la Chambre des députés, une assemblée plus calme, plus mûrie, assurant une certaine prépondérance aux ruraux, élue par un système plus sûr, moins tumultueux que le suffrage universel. Peut-on nier que cette élection des sénateurs par un collège restreint d'élus offre des garanties ? Un sénateur est élu par cinq ou six cents conseillers généraux et municipaux ; il les connaît individuellement et les a gagnés, un à un, par une patiente campagne, dans laquelle chacun d'eux le juge. Obtenir un siège sénatorial est une opération de longue haleine, qu'avec les qualités voulues on peut mener, presque à coup sûr. Vous demandez le mandataire qu'on connaît et qu'on choisit parce qu'on le connaît : le voilà bien ; c'est le sénateur. Souvent il a été député : sur trois cent quatorze sénateurs, on compte presque un tiers d'anciens députés ; on l'a vu à l'œuvre. Ceux qui vont le faire passer au Sénat sont eux-mêmes des élus, des gens qui ont été choisis pour administrer leur commune, à raison de leurs qualités, plutôt que par des considérations de politique pure. Chacun d'eux sait ce qu'est une élection puisqu'il est lui même un élu. Depuis longtemps, il suit les travaux du candidat sénateur ; il l'a vu venir, il l'a soupesé ; il se prononce en toute connaissance de cause. La principale raison du Sénat, ce sont les garanties que donne à une démocratie un choix fait dans ces conditions.

Nous savons bien que tout cela est exact : mais n'est-ce pas la critique du suffrage universel qu'on fait là ? Si l'on pense que l'élection à deux degrés donne des résultats supérieurs à l'élection directe et que le Sénat vaut mieux que la Chambre parce qu'il est élu par des élus, appliquons l'élection à deux degrés à la Chambre elle-même. Mais si nous croyons que l'assemblée qui exprime le jugement et la force du nombre doit être élue au suffrage universel, pourquoi vouloir, après coup, corriger le suffrage du nombre par le suffrage restreint : c'est trahir le principe essentiel de la démocratie ; les raisons qu'on donne sont celles qui devraient faire écarter le Sénat.

Vous voulez assurer une certaine prépondérance aux campagnes sur les villes : pourquoi ? Pour se prononcer sur la gestion des affaires publiques, un ouvrier vaut un paysan, ni plus ni moins ; une ménagère de la ville, celle de la campagne. Ces flagorneries électorales à l'égard tantôt des uns, tantôt des autres, n'ont rien à voir avec l'organisation saine et rationnelle d'une démocratie, dans laquelle, tout honnête homme, quel que soit le hasard de son destin, en vaut un autre.

Pourquoi cet amalgame de deux Chambres élues par des procédés très différents, pour exprimer la force du nombre ; pourquoi les élus du suffrage restreint au-dessus de la chambre du peuple ? Le conflit latent et permanent qui existe entre les deux assemblées, qui peut toujours se manifester sous une forme aiguë, est-il un régime sain et normal pour une démocratie ? Une vraie République a-t-elle besoin, au-dessus de l'assemblée nationale des représentants du peuple, d'une Chambre supérieure des pairs ou des impairs du suffrage universel, puisque à tout prendre le Sénat recueille aussi souvent ceux que le suffrage universel a rejetés, qu'il va rejeter, ou dont il n'aurait jamais voulu, que ceux qu'il a distingués ? Est-il utile pour une démocratie que deux politiques puissent s'instituer et se poursuivre, prétendant toutes les deux traduire l'opinion de la nation, celle du suffrage restreint dominant et pouvant paralyser celle du suffrage universel ? Dans une république, est-il rationnel que le Sénat garde les mêmes droits que la Chambre; qu'il ait, comme elle, l'initiative des lois ; que les ministres puissent tantôt y trouver un point d'appui contre les volontés de la chambre, tantôt y être mis en échec, quand ils tâchent de réaliser ces volontés ?

Est-ce un avantage pour une nation que, dans la paix, comme dans la guerre, à l'extérieur, comme à l'intérieur, deux assemblées politiques prétendent chacune exprimer ce que pense la nation ; que les ministres soient appelés constamment à fournir deux fois et pas toujours avec concordance, des explications sur leurs actes devant deux assemblées et les commissions de ces assemblées ? Est-ce une condition de bon travail, de netteté, de grande politique extérieure et intérieure ?

Nous autres Français, nous n'avons pas toujours d'enthousiasme pour cette dualité de notre politique et pour la divergence de vues, souvent profonde, qui existe entre les deux assemblées; que peuvent donc en penser les étrangers qui doivent être renseignés sur cette politique et qui n'ont pas tous les moyens d'information que nous avons ?

On parle beaucoup de l'expérience des vieillards, moins de leur générosité. Est-ce pour une jeune démocratie une condition de progrès, de vie et d'influence, d'avoir une assemblée de vieillards et de constater que, dans la paix, comme dans la guerre, dans la politique extérieure, comme dans l'intérieure, ce sont très souvent les vieillards qui mènent le jeu ? Est-ce un avantage d'avoir un Sénat toujours en retard d'une quinzaine d'années sur la Chambre ? conservateur, quand celle-ci est radicale ; radical, quand celle-ci redevient conservatrice. Heureux équilibre, sans doute, pour une monarchie : les Chambres hautes n'ayant jamais eu d'autre objet que ce balancement entre le passé et l'avenir. Mais nous, République, nous n'avons pas à nous tenir en équilibre entre le passé et l'avenir, nous avons à marcher vers l'avenir.

Au surplus, sur les attributions respectives de ces deux assemblées politiques, les hommes les plus compétents chez nous ne se sont jamais entendus. Voici bientôt un demi-siècle que nous regardons fonctionner la Chambre et le Sénat ; un demi-siècle que notre vie nationale paraît suspendue aux attributions de ces assemblées : dans les matières les plus essentielles, ces attributions ne sont pas encore déterminées avec précision.

Nous savons en gros que les lois, c'est-à-dire les règlements sociaux, les dépenses pour les services publics, les cotisations imposées à chacun pour couvrir ces dépenses sont arrêtées souverainement par l'accord de la majorité des sénateurs et de la majorité des députés délibérant séparément ; nous connaissons le va-et-vient entre le Palais-Bourbon et le Luxembourg. Nous savons aussi que certaines lois, considérées comme plus importantes que les autres parce qu'elles concernent le régime politique, sont votées par la majorité des sénateurs et des députés, délibérant cette fois ensemble. Versailles, ou la fastidieuse navette, nous n'avons pas trouvé autre chose comme instrument de collaboration entre les deux Chambres, même aux heures les plus graves de la guerre, où la nécessité d'une politique commune s'imposait. Mais poussons plus loin : les lois, dites constitutionnelles, déclarent que « le Sénat a, concurremment avec la Chambre des députés, l'initiative de la confection des lois ; toutefois les lois de finances doivent être en premier lieu présentées à la Chambre et votées par elle ». Que faut-il entendre par lois de finances ? La seule loi de finances annuelle ou toute loi ayant des conséquences financières ? Même pour les lois de finances votées par la Chambre, le Sénat a-t-il le droit d'augmenter les crédits ? On n'en sait rien. Les ministres sont-ils responsables politiquement devant le Sénat, comme ils le sont devant la Chambre ; lorsqu'ils sont mis en minorité devant le Sénat doivent-ils se retirer ? On n'en sait rien non plus. Les meilleurs auteurs sont en désaccord sur la question. Les ministres eux-mêmes soutiennent tantôt une thèse, tantôt l'autre ; tantôt ils affirment qu'ils ne doivent compte de leurs actes politiques qu'à la Chambre ; tantôt ils posent la question de confiance devant le Sénat et parfois même en des matières économiques pour lesquelles on pourrait estimer, qu'en tout état de cause, il n'y aurait pas lieu de poser la question de confiance.

Surpris d'abord de tant d'empirisme, nous avons fini par nous y accoutumer et admettre que le principal, en matière d'organisation politique, est qu'il y ait des élections et qu'elles soient assez étendues pour nous permettre d'exercer notre contrôle sur les affaires publiques et de faire prévaloir, tôt ou tard, notre opinion.

On prouverait difficilement que le Sénat est une pièce essentielle dans l'organisation d'une démocratie : on veut pourtant que nous ayons un Sénat et nous y voyons des hommes remarquables. Gardons-le ; définissons plus exactement ses attributions par rapport à la Chambre ; élue au suffrage universel celle-ci est vraiment la Chambre des mandataires de la nation. L'autre restera une assemblée supérieure de contrôle en matière législative, comme en matière politique. Mais ne nous dissimulons pas que trois cents quatorze sénateurs ajoutés à cinq cent quatre vingt quatre députés, cela fait une machine politique bien lourde.

Projets d'assemblée professionnelle

Les nombreux projets de réforme sur la composition du Sénat montrent qu'il n'est pas un morceau nécessaire de la République.

Même parmi les partisans du Sénat très peu soutiennent que l'organisation actuelle est satisfaisante. Les uns regrettent que le Sénat émane d'un suffrage aussi restreint et demandent qu'on étende la base électorale. D'autres, non seulement des publicistes, mais des hommes d'État, parfois les plus hautes autorités, estiment que, pour donner sa valeur à l'institution des deux Chambres, il faut composer le Sénat par des procédés différant complètement de ceux qui sont adoptés pour la formation de la Chambre des députés et concentrer, par exemple, dans le Sénat, ou tout au moins y admettre la représentation des intérêts professionnels de France.

Cette conception s'oppose profondément à celle que le raisonnement nous donne sur la force politique : celle-ci représente et exprime le jugement du nombre sur la gestion des affaires publiques : ce jugement du nombre, par lequel et pour lequel tout est fait, est la seule base rationnelle et humaine du gouvernement des hommes ; nous avons constaté qu'il ne peut s'exprimer que par l'élection et le suffrage universel. Comment soumettre les décisions des élus de la nation au contrôle des représentants des intérêts professionnels ? L'individu et la nation qui groupe tous les individus sont au-dessus et non au-dessous des intérêts professionnels. Nous envoyons un homme au parlement, non pas pour y défendre un intérêt professionnel, mais pour s'élever au-dessus de tous les intérêts professionnels et les accommoder à notre vie individuelle. Nous ne sommes pas plus les serfs des intérêts et des profits professionnels que de la gloire impériale ou des dynasties de droit divin. On demande qu'une partie au moins des sénateurs représente les intérêts professionnels ; il y aurait ainsi deux catégories de sénateurs ; les élus des conseils généraux et des conseils municipaux ; les délégués des intérêts professionnels. Une assemblée politique ne peut avoir deux origines : le suffrage d'une part ; la compétence professionnelle d'autre part. Passe pour une assemblée consultative, mais non pour une Chambre haute à laquelle d'ailleurs on prétend attribuer les mêmes droits qu'à la

Chambre des députés et qui, d'après notre constitution, peut prononcer la dissolution de la Chambre des députés et juger le président de la République et les ministres.

***

L'idée d'une assemblée représentant les intérêts professionnels de la France mérite cependant d'être retenue. Ceux qui vivent aux confins de la force politique et de la force administrative ont, depuis longtemps, compris l'utilité d'une assemblée professionnelle. Il y a vingt ans, j'ai demandé la constitution d'un conseil supérieur du travail national, traduisant sous une forme régulière et permanente les aspirations et les vœux de l'ensemble du travail français, mais subordonné à l'assemblée nationale élue au suffrage universel qui, seule, peut exprimer le contrôle souverain et le jugement du nombre.

Nous constations alors, d'après les almanachs, que vous avions un Conseil supérieur de l'Agriculture, un du Commerce et un du Travail. Le premier comptait cent quarante membres et se réunissait deux ou trois fois par an ; le second soixante-dix membres et ne se réunissait jamais ; le troisième quatre-vingts membres et se réunissait une fois par an.

Cette diversité de composition, de sessions et de labeur marquait bien les vices de notre organisation administrative. Elle résultait de la division des ministères et des administrations centrales, division qui ne correspondait à aucune conception logique.

Si quelque action était supposée à ces conseils pour la défense des intérêts qu'ils représentaient, nous ne voyions pas pourquoi les intérêts du commerce et de l'industrie occupaient moins que ceux de l'agriculture ; nous n'imaginions pas comment les intérêts du travail pouvaient être dissociés de ceux de l'agriculture, du commerce et de l'industrie. Nos raisonnements nous conduisaient au conseil unique, le Conseil supérieur du travail national, examinant chaque année, dans des sessions régulières, les différentes parties de l'activité française et soumettant ainsi, chaque année, au parlement, seul représentant politique de la France, les projets et les vœux nécessaires. Etats généraux de la nation ? Pourquoi de si grands mots, et inquiétants. Quand je proposais, pour ma part, il y a vingt ans, d'instituer ce Conseil supérieur du travail national, je ne méditais aucunement de préparer sournoisement la substitution d'un pouvoir professionnel au pouvoir politique. J'ai suffisamment expliqué où je voyais le fondement de la nation et de toute autorité et que ce n'est pas dans la profession des individus ; je voulais seulement tirer d'un travail fragmentaire, souvent discordant et presque toujours inutile, tout ce que nous pourrions en tirer d'utile pour la vie nationale ; je voulais, par une fusion obligatoire entre des éléments qui ne sont que les parties d'un même tout, la France, ramener les travailleurs et les administrateurs eux-mêmes au sentiment de l'unité française.

Depuis l'idée a fait du chemin : des publicistes, des hommes politiques même, proposent un Parlement professionnel : nous n'en voulons pas ; la France n'est pas un domaine de corporations ; la Révolution a bien fait de les briser et de mettre, au-dessus de tout, la liberté individuelle. Une chambre professionnelle ne pourra, ne devra jamais être une assemblée politique ; elle ne peut être qu'un conseil supérieur consultatif. Dans ces limites, son utilité est évidente. Sans vouloir en tracer les cadres, on aperçoit fort bien comment ce Conseil pourrait être constitué de façon à représenter à la fois les professions libérales et intellectuelles, le patronat du commerce et de l'industrie, le travail manuel. Une chambre professionnelle ainsi composée, par tiers environ, pour chacune de ces catégories, et au total de cent cinquante membres au maximum, rendrait les plus grands services au pays, discuterait et préparerait les mesures législatives intéressant les différentes professions de France et toutes les mesures économiques et financières nécessaires à l'activité française ; elle assurerait la collaboration des trois catégories, contribuerait par ses délégués, dans les Conseils techniques des services publics, à la bonne gestion de ces derniers, préviendrait bien des difficultés et serait un instrument de paix intérieure et extérieure. On dit qu'à l'étranger les institutions analogues ont échoué. Est-ce bien vrai et les conditions étaient-elles les mêmes ?

Faisons l'expérience : nous avons une masse de conseils, comités et commissions où nous prétendons mettre des compétences techniques et professionnelles et qui ne donnent à peu près rien, réceptacle sans fond dans lequel tant de gens versent un semblant d'activité par des accumulations de rapports, toujours suivis d'éloges, jamais d'effet. Fusionnons-les en un corps unique et vivant.

Assurément le système électoral d'une pareille assemblée ne serait pas facile à fixer. Mais pourquoi d'abord, nécessairement, l'élection ? Les forces qu'il s'agit de grouper et qui, à travers des luttes, dangereuses pour tous, cherchent visiblement à s'orienter vers une meilleure organisation de la destinée humaine, existent : au gouvernement de tenter d'abord le groupement et de constituer cette nouvelle assemblée par des choix faits dans la représentation des principales associations professionnelles. Dès qu'une assemblée pareille sera constituée, elle saura établir ses programmes de travail, organiser son recrutement et développer elle-même son action.

C'est peut-être même ce qui inquiète le plus ceux qui, imbus encore des anciennes maximes du prince, croient qu'on ne peut régner qu'à condition de diviser. Mais nous autres, nous ne cherchons pas à faire des rois, fussent-ils seulement nonaires ou quaternaires.

Les ministres. — Leurs attributions et leur rôle

Nous ne voulons pas faire des rois ; mais nous voulons, au-dessus de tous les services publics, des hommes qui soient nos représentants et fassent prévaloir notre opinion sur la gestion de ces services. Jamais nous n'avons eu la pensée de nous livrer à des oligarchies de fonctionnaires : au-dessus de tout le parlement politique de la France, et comme expression du parlement, les ministres.

Qu'est-ce qu'un ministre de la République française ? Quelles sont exactement ses attributions, son rôle ? Tous ceux à qui la question est posée doivent avouer, non parfois sans une certaine confusion, surtout s'ils ont été ministres, que la définition est plus difficile qu'ils ne l'imaginaient. Se peut-il que depuis trente ans on prononce, on écrive plusieurs fois par jour un mot sans pouvoir expliquer exactement ce qu'il signifie ? se peut-il qu'on ait été ministre sans pouvoir définir exactement les attributions d'un ministre ? Le mot est-il donc tellement expressif et élémentaire qu'il n'a pas besoin de commentaires ? Il n'en est rien ; d'après le dictionnaire de l'Académie française, ministre : c'est celui dont on se sert pour exécuter quelque chose ; mais, dans la circonstance, pour exécuter quoi ?

Le peuple sait seulement que c'est quelque chose de très important. Dans les cérémonies publiques, tantôt une dizaine, tantôt une douzaine tantôt une douzaine et demie et même plus d'hommes marchent immédiatement après les présidents de la République, du Sénat et de la Chambre. Jadis la foule regardait ces hommes avec curiosité : c'étaient les nouveaux ministres. Si elle revoyait les mêmes figures d'une année à l'autre, elle s'étonnait et même s'impatientait : « Quoi, toujours les mêmes ministres ! » On l'avait habituée au changement ; en trente ans, la durée moyenne des ministères avait été d'une année à peine. Ce n'est pas là, chez nous, une spécialité de la République ; pendant les deux dernières années du second Empire le ministère des Affaires étrangères changea dix fois de titulaire.

Depuis, la durée des ministères a quelquefois augmenté : parfois jusqu'au double : fait important sans doute pour les ministres et qui pouvait modifier, s'il s'était confirmé, les conditions de notre politique intérieure, mais qui n'aurait changé rien à nos raisonnements sur l'organisation des deux pouvoirs. Depuis, nous sommes revenus à des ministères très courts, de quelques mois, parfois de quelques semaines. En outre, qui a été ministre le redevient souvent : tel homme politique a été dix fois ministre et a dirigé successivement les ministères les plus divers ; tel autre a été une demi-douzaine de fois président du Conseil. Même en tenant compte de ces répétitions et de ces aptitudes universelles, la liste des ministres français, en trente ans, contient plus de trois cents noms. Combien seront inscrits dans l'histoire? combien sont déjà effacés de notre mémoire ? Nous qui vivons avec eux, savons-nous toujours les noms de ceux qui sont actuellement ministres ; quels oublis, quelles erreurs, auxquels ils sont parfois sensibles, avec ceux dont le pouvoir remonte à trois ou quatre ans ; ancien ministre : de quoi ? qui le sait ?

Cependant chacun de ces hommes a détenu souverainement de grands pouvoirs ; pendant quelques mois, il fut sollicité, redouté, envié par des milliers de gens ; il a disposé effectivement de leur sort ; il a pu, sans contrôle efficace, engager, réaliser, compromettre ou enterrer des réformes essentielles ; il eut vraiment une grande puissance pour le bien, une plus grande encore pour le mal ; si bref et si tôt oublié qu'il soit, le rôle justifie les convoitises et les regrets de ceux qui l'ont ambitionné. « Le pouvoir, avoir le pouvoir, tout est là, disait Mirabeau ; sans cela, que reste-t-il de nous ? des mots et des gestes. »

Mais quels pouvoirs donnons-nous exactement à nos ministres et ces pouvoirs, dans une démocratie, ne sont-ils pas excessifs ? Si à la question : « Qu'est-ce qu'un ministre ? » nous avons tant de peine à répondre par une phrase claire et précise, c'est que le mot n'est qu'un titre et que le titre reste le même avec les régimes les plus divers et, au même instant, pour des attributions différentes. Un ministre de l'Instruction publique ou un ministre de la Guerre n'ont pas les mêmes pouvoirs, vis-à-vis des fonctionnaires de leurs ministères, que le ministre de l'Intérieur.

Nous voyons bien que le ministre est le chef suprême d'un ensemble d'administrations sous le contrôle du parlement et l'autorité du président de la République : indications plutôt que définitions. Aucun de ces termes ne peut être pris à la lettre ; certaines parties de l'administration échappent, soit en droit, soit en fait, à l'action du ministre ; le contrôle du parlement ne s'exerce pas sur tous les actes des ministres ; l'autorité du président de la République est souvent illusoire.

Dans les commentaires des ouvrages spéciaux, au chapitre ministre, c'est tout un régime politique qu'on explique. Si aucun texte ne définit les attributions essentielles d'un ministre, toute notre pratique politique et parlementaire, toute notre organisation administrative font actuellement de lui le maître éphémère, mais à peu près absolu, de l'administration française.

Il commande à tous les fonctionnaires de son ministère ; il nomme directement les uns ; il présente discrétionnairement les nominations des autres à la signature du président de la République ; il représente seul vis-à-vis des tiers et des autres collectivités, toutes les administrations placées sous ses ordres ; il ordonnance les dépenses de son ministère. Il est actuellement, en fait, l'administrateur suprême de tous les services. Tant qu'il demeure d'accord avec le parlement sur les questions, souvent artificielles et loin de nous, de la politique générale, il jouit de pouvoirs dictatoriaux à peu près absolus dans toutes les questions de la politique courante et pratique qui nous intéressent et nous touchent journellement. Nous admettons comme le principe de notre vie politique qu'il a voulu, dirigé, ordonné, accompli lui-même tous les actes de son ministère. Un fait qui se produit tous les soirs de six à sept dans les ministères manifeste cette fiction : c'est la cérémonie de la signature. Levé tôt, le ministre a reçu toute la matinée, lorsqu'il n'a pas été pris par le Conseil des ministres. L'après-midi il l'a été par les Chambres, les Commissions, la préparation des discussions, d'autres réceptions et l'humanité qui ne perd pas ses droits. Vers cinq heures et demie, de tous les bureaux du ministère affluent des serviettes de maroquin bourrées de dossiers et de papiers de toutes espèces : c'est le travail de la journée, de plusieurs journées de toute l'administration qu'on entasse ainsi sur le bureau du ministre : il doit signer tout cela ; dans l'antichambre les chefs de service attendent avec impatience ; s'il ne signe pas, voilà toutes les affaires du ministère en suspens ; les gens des bureaux se lamentent : impossible de faire signer le ministre ; où est-il ; que fait-il ; rien ne marche plus ; les commentaires patriotiques ou grivois vont leur train. Enfin, après s'être fait donner quelques explications par le chef de service ou par un attaché de cabinet qui a parcouru de son mieux les dossiers et tremble de montrer son incompétence, le ministre prend son courage à deux mains : il signe ; il signe à tour de bras ; il accepte ainsi la responsabilité d'un tas de papiers dont il n'a pas le temps de prendre la connaissance la plus sommaire ; il ne faudrait pas beaucoup de ruses pour lui faire signer l'affaire qui peut soulever les plus graves objections. Que d'erreurs, de sottises ou d'iniquités peut ainsi parapher l'homme le plus intelligent et le plus droit ! Et de ces erreurs, de ces sottises, de ces iniquités nous pourrions nous en prendre à lui puisqu'il a signé : cependant le pauvre homme n'y serait pour rien ; voilà un régime bien peu rationnel.

Cette conception d'un maître, qui ne peut matériellement suffire à la besogne que nous lui attribuons, nous vient de nos anciennes croyances théocratiques et autocratiques. Au roi divin, à l'empereur conquérant a succédé le peuple : le souverain a changé ; nous croyons que la nature du pouvoir n'a pas changé. Par un anachronisme, le ministre représente encore parmi nous l'autorité absolue du souverain, son pouvoir exécutif, mots pompeux chers aux anciens doctrinaires, mais totalement dénués de sens dans un régime démocratique.

Pour nous qui ne voyons dans la nation qu'une organisation sociale, dans tous les fonctionnaires que des organes qui doivent être constamment adaptés aux besoins, que peut être actuellement le ministre ? Notre contrôleur général de chaque service public, non un douzième ou un quatorzième de roi ou d'empereur.

A travers les complications et les cascades de choix qui désignent un ministre, nous le mettons là où il parvient pour surveiller directement l'exécution d'un service qui nous est nécessaire, pour nous rendre compte de la façon dont les choses sont menées, imprimer une direction générale, rectifier l'action personnelle des chefs de service, examiner et provoquer au besoin des réformes nécessaires, mais non pour administrer lui-même, parce qu'il n'a ni le temps, ni les connaissances voulues et, qu'eût-il le temps et les connaissances, ce n'est pas son affaire ; il a une autre mission.

Demander au ministre d'apposer sa signature au bas de tous les papiers, qui sortent de l'usine qu'est un ministère, est une folie : le temps consacré seulement à des paraphes souvent illisibles est considérable. Le ministre veut-il se faire rendre un compte même très sommaire de ce qu'il signe ; les papiers à signer s'entassent sur son bureau et les affaires les plus urgentes sont arrêtées. Veut-il déléguer sa signature à ses directeurs ? Il ne peut le faire officiellement sans une loi ou tout au moins un décret. Des règlements ont donné aux directeurs généraux des grandes régies financières un droit de décision à l'égard du personnel et du service ; le ministre de la Guerre peut déléguer aux intendants certaines décisions en matière de marchés ; on peut citer quelques autres exemples : ce sont là des exceptions ; en principe c'est toujours le ministre qui signe ou est censé signer.

Plusieurs des hommes qui passent au ministère perçoivent assez vite le danger de cette fiction ; ils cherchent à abandonner à leurs subordonnés une partie de leurs fonctions et à se réserver seulement le contrôle de la direction de la politique, la préparation du budget et du travail législatif. Ce ne sont que des solutions imparfaites et provisoires qui devraient être généralisées et consacrées pour répondre à notre état social.

Actuellement lorsque un ministre autorise le directeur à signer pour lui, cette mesure temporaire lui laisse encore toute la responsabilité et l'oblige à se faire rendre compte de toutes les affaires de quelque importance. Quant au directeur, qui signe pour le ministre et par autorisation, il n'a aucune liberté ; car il est obligé de tenir compte de considérations fort étrangères à l'administration, dont l'oubli attirerait les observations du ministre.

Si intelligent, si bien préparé que soit un ministre il ne peut s'occuper sérieusement de tant d'affaires dont chacune exige des connaissances spéciales, une science pratique et une sûreté de décision, fruits d'une longue formation. La lecture seule de quelques-uns des dossiers qu'on soumet chaque soir à la signature du ministre exigerait plusieurs heures.

Que peut être, au maximum, cette signature, expression de la puissance exorbitante que nous donnons au ministre? un visa, une garantie que le dossier a été bien étudié, puisque le ministre responsable pourrait se fâcher si la décision qu'on lui a fait prendre était de nature à lui susciter des désagréments. Cette garantie n'est pour nous qu'une illusion : presque toujours le ministre ne sera plus là quand l'effet se produira ; si, par hasard, il est encore là, on trouvera vingt raisons pour ne pas le renverser à propos d'une malheureuse affaire ; ce n'est pas parce que les services publics sont mal gérés qu'on met bas les ministres.

De même pour les nominations : en donnant au ministre des pouvoirs presque discrétionnaires sur la nomination et l'avancement des fonctionnaires, nous avons entendu assurer l'action incessante de la nation sur la bonne exécution de ses services et la désignation des meilleurs agents : désir judicieux. En fait, comment dans son passage éphémère, le ministre, si soucieux qu'il soit des grands intérêts de la nation, pourrait-t-il s'en inspirer constamment : il est tiraillé en tous sens par les mouvements de la politique ; comment veut-on que, en quelques mois, même en deux ans, il se mette au courant non seulement des affaires, mais de tout le personnel de son ministère, qu'il soit en état de juger utilement ce personnel ? Cela est matériellement impossible.

En confiant trop de pouvoirs au ministre, nous lui avons donné des attributions qu'il ne peut exercer efficacement et nous avons enlevé la responsabilité à ceux qui devaient et pouvaient la supporter. Cette erreur profonde sur le rôle du ministre est le vice de notre démocratie.

Personne ne méconnaît les inconvénients de la situation actuelle : tout le monde constate les abus, les innombrables abus ; chacun pourrait en augmenter la liste. Les hommes politiques les reconnaissent très généralement ; cependant la plupart ne demandent la réforme que du bout des lèvres. Quand ils ne sont pas, ou ne sont plus ministres, ils déplorent, comme les autres, le mal dont nous souffrons. Et cependant ils se gardent bien, quand ils le peuvent, d'y porter remède. Il est assez facile de pénétrer leur arrière-pensée : si tel ou tel qu'ils connaissent bien et dont ils se croient sûrs, devenait ou redevenait ministre, quelles réformes ne pourrait-il pas faire, en peu de temps, avec ces pouvoirs quasi dictatoriaux. Sans doute le titulaire actuel en abuse ; mais, demain, le titulaire nouveau sera pétri de bonnes intentions ; pourquoi briser entre ses mains une arme si puissante. Demain il sauvera la République en un tournemain. C'est précisément cela dont nous ne voulons plus ; plus de sauveurs ; ils coûtent trop cher ; par l'organisation rationnelle des services publics doivent venir les améliorations et non par les hasards de bonnes volontés individuelles.

La superstition du Ministre Génie sauveur

Commençons donc par détruire dans tous les cerveaux, et non pas seulement en France, la superstition du ministre génie sauveur.

Chez nous, elle est générale ; beaucoup de Français croient que les choses ne marchent pas mieux parce que les ministres ne sont pas à la hauteur de leur tâche et qu'un nouveau ministère va tout remettre en ordre. Injustice : beaucoup de ministres sont des hommes remarquables ; tous font tout ce qu'ils peuvent ; cependant l'un remplace l'autre sans qu'on voie grand changement et toutes ces bonnes volontés, a dit l'un d'eux, sont interchangeables. Jacques Bonhomme qui, pour réparer sa serrure, n'appellerait pas un autre que le serrurier dont il a expérimenté l'adresse, est convaincu qu'il va sauver enfin la chose publique en poussant un nouvel inconnu au pouvoir ou en tolérant que celui-ci s'y hisse. La moindre apparence de compétence le satisfait : un capitaine qui aurait été retraité comme commandant, un professeur qui ne dépasserait pas le lycée de province, se dégoûtent de leurs fonctions, courtisent et séduisent l'électeur : ils sont oints. S'ils manœuvrent à travers les groupes et à la Présidence de la République aussi habilement que dans leur circonscription, les voici en passe de devenir promptement chefs supérieurs des services où ils tenaient un rôle si modeste ; demain ils seront ministres de la Guerre et de l'Instruction publique. Jacques Bonhomme est content ; il a joué un tour aux intellectuels qui se rengorgeaient ; que prouvaient leurs titres et leurs diplômes ! Il le leur montre en leur donnant subitement comme maître, celui qu'ils jugeaient si médiocre ; il achèvera de le leur prouver, dans quelque temps, en renvoyant brusquement le personnage au moment où celui-ci tâchait de se hausser à ses nouvelles fonctions et où les dignitaires du service commençaient à découvrir chez le nouveau ministre des qualités qu'ils n'avaient jamais soupçonnées. C'est grave, si nous voulons faire du personnage l'administrateur suprême, le véritable chef des services publics placés sous ses ordres, et comme un douzième d'empereur ; ce n'est plus dangereux, s'il n'est qu'un contrôleur général, car pour ce contrôle, activité et bon sens suffisent : rien de plus, rien de moins.

Le ministre et le directeur

Le ministre, pour nous et par nous, par notre suffrage exprimant notre confiance, contrôleur général et souverain du service public ; sous l'autorité du ministre, le directeur, chef effectif et responsable de ce service, tenant sa place de sa vocation, de ses mérites, de ses aptitudes éprouvées et vérifiées par des sélections rigoureuses : voilà tout le système.

Ces deux personnages réalisent l'organisation rationnelle de la démocratie : mis ainsi, chacun à sa place, avec les attributions exactes que comportent leurs origines différentes, ils nous donnent, à eux deux, les garanties dont nous avons besoin ; l'un par l'autre, ils se complètent ; l'un avec l'autre, ils font le bon service public pour l'exécution duquel nous les avons tous deux recrutés par des procédés différents.

Le directeur n'est ni le serviteur, ni l'agent du ministre, ni son secrétaire technique, ni encore son porte-plume, comme je l'ai si souvent entendu dire à de vieux et d'ailleurs très honorables bureaucrates ; il est notre chef de service, sous le contrôle du ministre.

Mais vous faites du ministre un personnage secondaire ! Oui, par rapport à l'homme Napoléon qui voit tout, qui sait tout, qui fait tout : le code civil, Austerlitz, la loi sur les mines, le décret sur la Comédie-Française, mais qui conduit en définitive son peuple aux charniers de la Moskowa, à Leipzig et à Waterloo. Secondaire, à la manière de Louis XIV, avec lequel Colbert, Louvois, Vauban, Mansart, Le Nôtre et quelques autres ayant suffisante liberté d'agir s'entendirent pour faire, à eux tous, sous un homme bien intentionné, mais qui assurément avait peu de génie, la grandeur du siècle de Louis XIV.

Ces réflexions ne valent pas seulement pour notre pays ; elles valent pour tous les pays. Partout, nous voyons attribuer aux ministres un rôle hors de proportion avec ce que comportent les organisations sociales actuelles. En faisant partout des ministres, des contrôleurs généraux, nous réduirons partout les pouvoirs quasi impériaux que beaucoup leur attribuent encore ; mais nous les réduirons aux limites des forces humaines.

C'est écraser sûrement un homme que le charger d'un fardeau qu'il ne peut porter ; il y a impossibilité presque physique, pour les ministres, d'exercer les fonctions que nous imaginons devoir être les leurs. Nous leur imposons une vie odieuse et souvent ridicule : elle use son homme physiquement et intellectuellement en quelques mois.

Ils constatent, eux-mêmes, à chaque heure du jour, la disproportion entre leur pouvoir et les possibilités de leur action. N'importe : ils se cramponnent à ces périlleuses fonctions ; ils veulent être seuls et perpétuellement en scène. Par conscience professionnelle, ils se croient tenus de jouer les demi-dieux. Voulant toujours paraître les initiateurs et les animateurs de tout, ils sautent sur chaque idée qu'ils jugent ingénieuse comme la grenouille sur le rouge ; ils sautent et font sauter la France avec eux.

Faisons-leur donc comprendre que, quel que soit leur génie, par l'élection même ils sont rendus impropres, irrémédiablement impropres aux besognes permanentes d'administration et de direction qu'ils veulent faire toute la journée. Contrôleurs souverains, oui ; administrateurs, non ; ce n'est plus leur affaire ; c'est celle de chaque directeur qui doit agir en pleine lumière et sous sa responsabilité.

Répétons, sans nous lasser, que les Français commenceront à voir plus clair dans leurs affaires quand ils se préoccuperont plus de savoir qui est leur directeur des chemins de fer, ou leur directeur de l'hygiène, que de savoir qui est ministre des Travaux publics ou de l'Intérieur ; les Français et les autres, qui ont droit aussi à la clarté, à l'ordre et à la régularité des affaires publiques françaises.

De ce point de vue, les inconvénients des oscillations perpétuelles des ministères s'atténuent singulièrement. On se plaint de la mobilité des politiques et des ministres ; cinquante ministères en cinquante ans ; comment les affaires publiques seraient-elles bien gérées ? Assurément c'est de la folie si les ministres sont des administrateurs. Cela n'a plus grand inconvénient si les ministres ne sont que des contrôleurs. La mobilité et le renouvellement fréquent du contrôle peuvent devenir au contraire des raisons d'activité pour l'administration.

Mais il y a contradiction entre l'élection et les longs desseins nécessaires pour poursuivre et assurer le bien public. C'est une folie d'attendre de l'élection autre chose qu'un contrôle. Le politique ne subsiste que s'il est élu ; il tire de l'élection toute sa raison d'être : la subordination de sa carrière personnelle aux suffrages du nombre domine sa vie et inspire fatalement sa conduite ; dans les heures les plus tragiques, il mesure les succès de la nation d'après ses succès personnels, quelquefois même d'après le plus vain de tous, le succès de ses phrases. Etre élu, être réélu, devenir ministre, ne pas tomber, redevenir ministre, comment pourrions-nous lui demander de voir les choses de plus loin, puisque sans cela il n'est plus rien. Ainsi il est conduit fatalement à mettre au premier plan ce qu'il appelle l'opinion publique, ou même la manifestation momentanée d'une portion de l'opinion publique ; il vit, il est sauvé ; à demain le reste : le reste, c'est notre vie à nous.

Nous sommes fixés : la masse, fût-elle beaucoup plus cultivée, les procédés d'élection plus rationnels et plus perfectionnés, jamais l'élection ne fournira ceux qui doivent tenir, de leur vocation naturelle et des mérites qu'ils prouvent, la mission de nous conduire vers une destinée meilleure. L'élection peut et doit seulement nous fournir un moyen de contrôler, de juger et de rectifier au besoin l'action des conducteurs du peuple.

Le système que nous pratiquons ne nous donne à peu près rien, ni contrôle sérieux, ni action utile. Les contrôleurs, affolés d'impérialisme, se croient devenus les souverains maîtres de tout et, voulant tout régler, n'osent plus demander de comptes à personne. Les administrateurs, recrutés souvent au petit bonheur, tenant toute leur situation du choix des élus, glissent comme des anguilles à travers la vase des partis politiques et, n'étant responsables de rien, font une carrière d'autant plus sûre qu'ils s'en tiennent strictement au rôle de factotum.

On s'exclame et on dit : « Ce sont les bureaux qui mènent les ministres. » Ce n'est pas vrai : chez nous le ministre, quand il veut quelque chose, est le maître absolu. Quand il ne sait pas ou ne veut pas, sans doute, l'affaire peut être traitée par n'importe qui, un anonyme dans un bureau. Mais, dès que le ministre sait ou veut, aucune opinion contraire ne peut plus s'opposer à la sienne ; il ne veut même pas que ces opinions contraires soient connues, qu'il en reste trace ; il considère cela comme une atteinte intolérable à sa souveraineté et à l'ordre public.

Les politiques sont sincères quand ils disent : « Il est inadmissible qu'un directeur ait publiquement, sur une question débattue, une opinion différente de celle du ministre. S'il croit que le ministre se trompe, il a le droit et le devoir de soumettre au ministre ses objections ; mais quand celui-ci a pris sa décision, le directeur manquerait à tous ses devoirs s'il manifestait qu'il n'est pas de l'avis du ministre. »

J'ai cité souvent de nombreux exemples de cette mentalité : elle domine toujours notre administration. Actuellement encore, un directeur des chemins de fer est tenu de soutenir un abaissement de tarifs qu'il juge complètement injustifié, mais que le ministre a promis ; on n'admet pas qu'un directeur de l'enseignement secondaire donne librement son avis sur une réforme de l'enseignement projetée par le ministre. Ils sont des agents, des instruments du ministre ; comment celui-ci pourrait-il tolérer leur indépendance ; le gouvernement deviendrait impossible ; toujours le douzième d'empereur ! Or, il ne s'agit pas de faciliter le gouvernement éphémère, mais absolu, de l'oint des urnes ; il s'agit de construire un système qui nous procure la meilleure gestion possible des services publics et qui nous garantisse, autant que possible, contre les aventures. L'avis, le jugement du chef technique est une pièce essentielle de notre dossier. Sans doute, il peut se tromper, et il ne doit pas avoir le dernier mot. Mais il doit, sous sa signature, dire ce qu'il croit utile pour notre bien. Lui, il n'obéit pas aux mouvements éphémères de l'opinon publique ; il n'attend pas la vie d'une élection, d'une réélection ou d'une séance de la Chambre ; il durera, il gérera le service public encore dans plusieurs années ; à ce moment-là, la décision prise aura produit ses effets ; on ne saura même plus quel était alors le ministre ; mais on retrouvera le directeur ; comment pourrions-nous lui permettre de se réfugier dans un rôle de factotum anonyme. « J'ai été l'instrument, le porte-plume du ministre. » Son avis, sa proposition, la façon dont lui, qui a la compétence, conçoit que l'affaire doit être menée, c'est une pièce capitale du dossier pour nous ; comment pouvons-nous tolérer qu'elle devienne une pièce secrète ?

Ministre et directeur doivent tous les deux être mis en pleine lumière, chacun sous sa responsabilité ; leur collaboration publique fait notre force et notre garantie ; nous voulons les voir agir tous les deux, chacun dans sa sphère, chacun avec une personnalité distincte et bien définie, pour pouvoir les juger tous les deux. L'un représente l'action administrative, l'autre l'action politique. Conflit perpétuel, règne des bureaucrates ? non, puisque le ministre est au-dessus du directeur ; répartition claire et rationnelle des rôles au lieu de l'irresponsabilité actuelle, la responsabilité de chacun dans sa partie.

Que sera donc le ministre ? tout, s'il est un homme supérieur ; il ne sera pas noyé dans les détails auxquels il ne peut rien et pour lesquels il n'est pas fait ; il n'aura plus qu'à prendre, dans le cas où il le jugera utile, la responsabilité des directions générales et des décisions principales. Il ne sera plus l'omniscient : il sera vraiment le ministre de la démocratie. Sa puissance ne sera pas diminuée, elle ne sera qu'augmentée par la grandeur précise de son rôle et il ne sera plus exposé à sombrer dans la moindre aventure. Et si, par hasard, le ministre n'est pas un homme supérieur, nous plaindrons-nous de voir ses erreurs limitées par la personnalité et la responsabilité des directeurs ?

A tout instant, on nous parle d'experts ; ils viennent de partout ; ils traversent les océans pour nous tirer d'affaire. « Les experts ! Voici les experts ! » Pour chacun de nos services publics nous devons avoir, constamment à pied d'œuvre, les hommes experts formés par des méthodes sûres, nous offrant le maximum de garanties. C'est à ceux-ci et non à d'autres que nous voulons demander la solution de tant de problèmes dont notre vie dépend. Nous prêtons à rire en demandant à tous les échos. « Les experts, où sont les experts! » Les experts, ils devraient être depuis longtemps en place, catalogués, vérifiés, éprouvés par les autres peuples comme par nous-mêmes.

Donc, deux hommes l'un à côté de l'autre, l'un surveillant l'autre, mais celui-ci chargé de la responsabilité du service public et pour cette besogne essentielle formé avec un soin extrême et avec une sûreté presque mathématique, voilà la vie de la démocratie.

L'administratif fera aussi de la politique! Sans aucun doute : que sont ces angoisses de mots? Imaginez-vous qu'un directeur des chemins de fer peut ne pas faire la politique des chemins de fer, ou celui de l'enseignement, la politique de l'enseignement. Seraient-ils des hommes éminents si, appelés à diriger l'enseignement ou les chemins de fer d'un pays, ils ne voyaient dans leur direction que des questions de matériel de chemins de fer ou de budget de lycées? Alors, faisant de la politique, ils seront responsables politiquement; ils tomberont comme des ministres; vous n'aurez pas plus, avec eux qu'avec les élus, cette permanence qui seule, d'après vous, peut assurer la bonne exécution des services publics; et vous ne trouverez même pas des fonctionnaires sérieux pouvant assumer ces risques. Assurément, je n'en trouverai pas parmi ceux qui, ayant la vocation de porte-plume du ministre, redoutent la personnalité et la responsabilité; mais ceux-là ne sont pas faits pour être les directeurs de la République; ils sont faits pour la monarchie absolue ou l'empire, serviteurs du roi ou de César. C'est d'une autre race d'agents qu'une démocratie a besoin ; elle a besoin de chefs et non de serviteurs ; ces chefs il faut qu'elle se les donne à elle-même par des méthodes scientifiques et non par des élections. Oui, ces chefs responsables auront constamment à défendre leurs actes, leurs décisions, leurs projets devant le ministre et, au delà du ministre, devant le parlement : ils courront des risques; ils seront contraints de tenir constamment compte, dans leur action, du sentiment de la nation ; mais ils ne seront pas étranglés par le vote de ce soir ou l'élection de demain ; ils n'auront pas à ménager des intérêts privés, dans l'angoisse de l'une ou de l'autre. S'ils heurtent délibérément et justement un intérêt privé, ils trouveront explicitement ou implicitement un appui dans la majorité. Eux seuls auront la force nécessaire pour poursuivre les réformes et triompher des coalitions : on ne les applaudira pas souvent, mais on ne les obligera pas à partir et on les laissera faire. C'est bien ce que redoutent le plus beaucoup de gens :

quatre-vingts directeurs responsables nettoieraient la France en dix ans.

Et qu'on ne craigne pas qu'ils ne soient pas des démocrates ; qu'on ne vienne plus nous reprocher, avec indignation, de demander l'avènement d'une bureaucratie anonyme d'irresponsables : c'est maintenant que politiques et administrateurs mêlés nous donnent un régime anonyme et irresponsable. La responsabilité flotte impalpable comme la poussière qui s'échappe des dossiers : personne n'est responsable de rien. Les philosophes constitutionnels nous la baillent belle lorsqu'ils nous disent : « Lorsqu'une affaire quelconque est mal gérée, prenez-vous-en au ministre. » Quel ministre? est-il encore au parlement? savons-nous seulement son nom? s'il est encore dans le Parlement et, par aventure, au même ministère, ne sentons-nous pas immédiatement l'injustice de demander des comptes à un homme qui n'en peut mais et ne nous contentons-nous pas de quelques déclarations dont la solennité ne rémédie à rien? Où, quand, et je ne parle bien entendu que de responsabilité morale, un ministre a-t-il subi, dans sa carrière politique, le moindre dommage pour les affaires administratives les plus mal gérées ? Toutes ces affaires-là, c'est notre vie. Pour nous, citoyens, la seule responsabilité qui ait de l'intérêt, parce qu'elle seule nous protégerait efficacement, est la responsabilité du fonctionnaire permanent qui gère le service public ; inéluctablement, ce fonctionnaire permanent doit recevoir toute la part d'autorité sans laquelle nous ne pourrions équitablement mettre en jeu sa responsabilité. Nous et les étrangers, nous devons constamment pouvoir compter sur quelque chose de permanent, de stable, de sûr ; cette condition de paix intérieure et extérieure, ce n'est pas la politique qui nous la donnera.

Que penser de l'institution d'un secrétariat général administratif par ministère?

Pour maintenir la force administrative à travers la politique pour donner à nous-mêmes et aux étrangers ces garanties de stabilité, de compétence, on préconise assez souvent et l'on tente parfois de réaliser la création, pour chaque ministère, d'un secrétariat général, analogue aux secrétariats d'État permanents de l'Angleterre : c'est un sous-ministre civil doublant le politique. Cette institution peut être bonne à l'étranger : elle ne l'est pas pour nous; elle n'est pas conforme à nos conceptions rationnelles de la démocratie. On imagine que les ministres politiques qui passent seront heureux de trouver et de laisser, après l'avoir feuilleté « comme un livre », le ministre administratif qui assurerait, à travers les mouvements de la politique la continuité du service public.

Dans une situation difficile, à la veille de remaniements dans le personnel ou dans la politique, un ministre prudent peut demander à un fonctionnaire de bonne volonté d'assumer la responsabilité de ces remaniements et, en l'investissant du titre de secrétaire général, lui donner temporairement l'autorité nécessaire. Même dans les circonstances les plus favorables, cette solution a plus d'inconvénients que d'avantages. Vouloir la régulariser c'est diminuer à notre détriment l'utilité du ministre et du directeur. L'institution d'un secrétariat général par ministère est une médiocre combinaison. Ce n'est pas seulement parce que nos mœurs politiques ne permettent pas ce mariage de raison entre les spéculations de la politique et les nécessités de l'administration ; parce que le politique et le technicien arriveront difficilement à s'entendre, le politique trouvant odieux d'avoir auprès de lui quelqu'un qui prétend représenter la compétence et la tradition, l'autre ne résistant pas au plaisir de relever les erreurs du politique et enragé d'être brimé par lui. Nous ne devons pas doubler le ministre politique par une sorte de ministre administratif parce que cette conception est hybride ; l'autorité du ministre, en tant qu'elle exprime le contrôle souverain de la nation et le jugement du nombre, ne doit pas être diminuée. En outre, il est impossible d'imaginer une constitution de ministère produisant normalement et rationnellement le secrétaire général de ce ministère. Celui-ci ne sera jamais qu'une créature, une improvisation d'un ministre en passant : il tiendrait son autorité de ce ministre et non du service public qu'il représenterait : par cela même, son institution serait viciée. Enfin, confier à un seul le secrétariat général de tout un ministère, c'est encore une tâche surhumaine; c'est recommencer, dans l'administratif, la folie de l'organisation politique ; c'est mettre sur les épaules d'un homme un fardeau qu'il ne pourra porter ; c'est sortir de la compétence et de l'ordre pour rentrer dans l'incompétence et le gâchis. Pour notre sûreté et celle des autres peuples, ne mélangeons jamais la force politique et la force administrative.

Les sous-secrétaires d'État

Nous avons tantôt quatre, tantôt dix sous-secrétaires d'État, et tantôt nous n'en avons point ; tantôt on en demande la suppression et tantôt on en réclame : là encore, que d'arbitraire !

Pendant tout le siècle dernier, les attributions des sous-secrétaires d'État ont varié : au début, administratives, elles sont devenues politiques, en 1830, le jour où Thiers est devenu pour la première fois sous-secrétaire d'État. La République n'a pas mis d'ordre en cette affaire :

tantôt les sous-secrétaires d'État ont certains services, et tantôt ils en ont d'autres; tantôt ils ont entrée au Conseil des ministres et tantôt ils n'y ont pas entrée; tantôt ils rendent, au moins de temps en temps, compte au ministre sous les ordres duquel ils sont placés; tantôt ils ne le voient jamais et n'en font qu'à leur tête. Les uns sont des sortes des ministres de seconde classe, les autres de véritables directeurs généraux d'un service public déterminé, avec pouvoirs absolus et presque pas de contrôle ; comme ils ont été choisis à l'heure enfiévrée des combinaisons ministérielles, pour un discours heureux, sur les indications favorables des camarades, parfois pour moins encore, ils remplissent en général assez mal les fonctions de directeurs dans lesquelles ils n'apportent ni compétence, ni permanence. Entre ces hommes pourvus ainsi, sous le même titre, de situations si diverses, quelque chose cependant établit l'uniformité : ils ne tiennent pas à ce titre de sous-secrétaire d'État; aucun d'eux ne sourcille quand les huissiers ou les gens des bureaux leur donnent du « Monsieur le ministre », par la figure.

Tout cela pourtant n'est pas de la fantaisie ; l'institution de sous-secrétaires d'État pourrait être fort utile si elle était organisée.

Les intérêts de la République commandent que le nombre des ministres soit aussi réduit que possible, que chacun d'eux soit vraiment une force intellectuelle pour la France. Par contre, le contrôle des services publics peut-être insuffisamment assuré par un ministre réunissant sous ses ordres un trop grand nombre de services publics; il doit avoir des adjoints politiques, des sous-ministres : c'est le rôle des sous-secrétaires d'État.

Logiquement, ceux-ci ne doivent avoir aucun pouvoir propre autre que ceux qui leur sont expressément délégués par le ministre sous l'autorité duquel ils sont placés ; ils doivent agir constamment sous l'autorité et la responsabilité de ce ministre. C'est pour lui, pour son compte, qu'ils contrôlent certains services publics. S'ils ont des difficultés avec les directeurs généraux de ces services, c'est lui qui doit trancher ces difficultés et tracer les lignes générales de leur action. Ils sont ses subordonnés; par conséquent, c'est lui qui doit les choisir et les remplacer, s'il y a lieu. Ils sont responsables devant lui de la part de contrôle qu'il leur a confiée; c'est lui seul qui, devant le parlement et la nation, doit assumer les risques de cette responsabilité.

Mais un ministre ne doit pas avoir de faculté de créer ou de ne pas créer, à sa guise, suivant ses amitiés, des sous-secrétaires d'État. Là aussi, comme partout, le raisonnement doit dominer et dicter une organisation stable. On ne fait pas des sous-secrétaires d'Etat pour donner, à moindres frais, satisfaction aux ambitions secondaires : on doit faire des sous-secrétaires d'États pour faciliter un contrôle nécessaire, d'après un plan rationnel de répartition et de groupement des services publics.

Ministres et sous-secrétaires d'État doivent être tous pris dans le Parlement

Dans notre démocratie, les ministres et les sous-secrétaires d'État sont les délégués de la nation au contrôle des services publics ; ils sont les représentants suprêmes de la force du nombre, de la force politique ; ils doivent, en toute circonstance, pouvoir formuler souverainement, sur la gestion des services publics, le jugement du nombre. On ne peut donc concevoir qu'ils soient choisis ailleurs que parmi les élus du nombre. Tous les ministres, tous les sous-secrétaires d'État doivent être pris, en principe, dans le parlement ; quand on va les chercher en dehors du parlement, on se jette dans les difficultés.

Elles ont apparu à l'origine même de nos assemblées élues. La Constituante fit une sottise, lorsque, par haine de Mirabeau, elle exclut les députés du ministère ; immédiatement l'hostilité entre l'Assemblée et les ministres s'exaspéra : le cours de la Révolution aurait probablement changé si, conformément à la logique, les ministres qui tirent leurs fonctions de la confiance de la nation, à travers le parlement, avaient été pris dans l'Assemblée et si, au lendemain du Serment du Jeu de Paume, Mirabeau avait été le président du Conseil des ministres de Louis XVI.

On va maintenant parfois chercher les ministres en dehors du parlement, sous prétexte de prendre des compétences ; c'est toujours parce qu'on veut faire du ministre autre chose que ce qu'il peut être utilement. On croit que c'est une garantie de mettre un ingénieur des Ponts et Chaussées aux Travaux publics, ou un professeur, à l'Instruction publique : ce n'est aucunement une garantie. Un bon ingénieur peut être un médiocre ministre des Travaux publics, s'il prétend tout administrer lui-même et s'il est par conséquent enclin à substituer partout ses propres conceptions à celles de ses chefs de service ; car il en saura toujours moins, sur chaque point, que ceux qui sont à pied d'œuvre et qui ont étudié l'affaire en question. C'est pour cette besogne supérieure d'appréciation générale, qu'il faut se méfier des œillères. Par contre, un médecin doué de bon sens et d'application peut être un bon ministre des Travaux publics, s'il se borne à contrôler, avec soin, tous ses services, à se faire donner les raisons des erreurs qu'il remarque ou qu'on lui signale et à exiger que ces erreurs soient immédiatement corrigées.

Les compétences exceptionnelles qu'on va chercher parfois à l'extérieur du parlement se chargent elles-mêmes de démontrer que les ministres, dans une République, doivent tous être pris dans le parlement. D'excellents administrateurs, nommés directement ministres, ne l'ont pas caché ; immédiatement le terrain leur manquait sous les pieds ; même dans les services où ils étaient passés maîtres, s'ils voulaient continuer à faire cette besogne d'administrateurs dont les succès les avaient promus ministres, ils commençaient à tout désorganiser. Ils avaient été de bons directeurs ; ils devenaient des ministres médiocres ; n'étant pas toujours nés philosophes, ils ne décoléraient pas et s'en prenaient à tous : « Nous ne sommes pas secondés. » Ils n'avaient à s'en prendre qu'à eux-mêmes : pourquoi, élevés à des fonctions qui intellectuellement et même physiquement ne peuvent être que des fonctions de contrôleurs, voulaient-ils faire encore des besognes d'administrateurs ? Ministre et administrateur, c'est incompatible ; invinciblement, tout administrateur nommé ministre tend à rallier la politique. On l'a mis là pour mener les affaires publiques, sans préoccupations électorales ; à peine y est-il, il ne pense plus qu'à être élu ; tout le ministère est tenu de songer à l'importance qu'un certain département peut avoir sur les destinées du ministre et du pays. Peu de mois après, la France apprend que le nouveau ministre brigue un siège de sénateur ou de député et qu'il veut faire ratifier, par le suffrage du nombre, l'investiture qui lui a été donnée pour sa compétence supposée. S'il n'y parvient pas, il a l'impression de rester un numéro dépareillé dans les collections ministérielles et dans les équipes de la démocratie, un pauvre extra, sans passé, sans avenir.

Le nombre des ministres

Aujourd'hui douze, hier quinze, demain dix : nous ne savons même pas exactement combien nous devons avoir de ministres.

Comment cette question essentielle n'est-elle pas résolue une fois pour toutes, après mûre délibération ; comment l'abandonnons-nous aux tractations des combinaisons ministérielles ! Le groupement des services publics par ministère, d'après leurs affinités, en conséquence, le nombre des ministères, c'est le premier chapitre de cette organisation rationnelle des services publics qu'on ne doit pas se lasser de réclamer. Quand on essaie de délimiter avec soin le domaine de chaque service public et de grouper les services qui ont des affinités, on ne peut pas trouver plus de dix ministères pour la France et plutôt huit que dix. Qui expliquera par exemple, pourquoi l'agriculture, le commerce et le travail sont répartis entre trois titulaires : ce sont trois éléments d'un même tout ; la fusion de ces trois ministères ferait disparaître des conflits et des abus et fortifierait l'action des services groupés sous une seule autorité. Ces groupements de services sont encore affaire de raisonnement et de méthode; on peut, suivant les circonstances, les fractionner un peu plus, un peu moins. La force d'un ministère n'est certainement pas en proportion du nombre des ministres le transformant en commission et nous n'y gagnons pas aux heures où il faudrait arrêter, avec netteté et fermeté, la politique intérieure et extérieure de la France. Au surplus, savons-nous exactement ce qu'est le Conseil des ministres ?

La responsabilité solidaire des ministres et le Conseil des ministres

« Les ministres, dit l'article 6 de la loi constitutionnelle du 25 février 1875, sont solidairement responsables devant les Chambres de la politique générale et gouvernementale et individuellement de leurs actes personnels. »

Ce texte suffirait à démontrer combien il est malaisé de légiférer sur les matières constitutionnelles. En apparence, on a voulu proclamer avec précision les principes sur lesquels repose la responsabilité des ministres. En fait, la phrase à laquelle on est arrivé ne signifie pas grand'chose. Si on la dissèque, elle semble indiquer une différence entre les actes de la politique générale, dont les ministres seraient responsables solidairement devant les Chambres, et les actes personnels dont ils seraient responsables devant des juridictions qu'on a omis de déterminer. L'article parle des Chambres : les nécessités de la pratique contraignent les gens les plus attachés aux prérogatives du Sénat à reconnaître que la responsabilité du ministère ne devrait jamais être mise en jeu que devant le Chambre des députés : autrement, c'est organiser le conflit entre les deux assemblées et rendre le gouvernement de la République impossible. La phrase de 1875 a été sans doute mal construite ; il est probable qu'elle devrait être rétablie ainsi, pour exprimer exactement la pensée de ses auteurs : « Les ministres sont responsables devant les Chambres solidairement de la politique générale et individuellement de leurs actes personnels. »

Mais où finit la politique générale, où commence l'acte personnel ? Théoriquement, on aperçoit bien qu'un ministre peut avoir fait de son propre mouvement quelque gaffe qui le rend responsable, sans que pour cela le ministère tombe. Pratiquement, comme tout acte important doit être délibéré en commun, le cabinet tout entier assume la responsabilité des actes de chaque ministre, quand ces actes donnent lieu à un débat. Le plus souvent, le président du Conseil couvre ses ministres et pose au besoin la question de confiance : ainsi s'établit, entre les ministres, une solidarité constante et effective qui provoque un contrôle incessant des uns par les autres et nous offre des garanties. La part laissée à l'initiative de chaque ministre étant restreinte, les fautes qu'il peut commettre ne sont plus de nature à entraîner sa chute et peuvent le mettre simplement dans une situation plus ou moins difficile vis-à-vis de ses collègues, dont il compromet la solidité. Telle est la façon dont nous voyons que la constitution doit être accommodée à la pratique. En fait, l'administration collective et la responsabilité solidaire des ministres deviennent la règle ; c'est le Conseil des ministres qui est vraiment l'organe principal du gouvernement.

Nos lois constitutionnelles et autres prévoient, dans un très petit nombre de cas, l'intervention obligatoire du Conseil des ministres. Si l'on s'en tenait à leurs prescriptions, il se réunirait de loin en loin pour nommer ou révoquer les conseillers d'États, pour constituer le Sénat en haute Cour de justice, pour dissoudre les conseils municipaux ; pour interdire le territoire de la République aux chefs des familles ayant régné sur la France, pour déclarer l'état de siège, pour ouvrir des crédits supplémentaires. En fait, l'usage, les traditions du gouvernement parlementaire imposent des réunions très fréquentes : le chef du cabinet porte chez nous le titre de président du Conseil des ministres.

Nous lisons, deux ou trois fois la semaine, qu'il a réuni le Conseil des ministres ; notre sort, celui des voisins, la vie de nos enfants et des leurs, des Français et des étrangers, dépendent des décisions qu'on y prend. Comment prend-on ces décisions ? Dans des mémoires qui paraissent en ce moment, le comte Molé raconte assez plaisamment les Conseils des ministres au temps de Louis XVIII : l'un sommeillait, l'autre faisait des mots, un troisième sa correspondance, un quatrième était toujours en retard : est-ce toujours ainsi ? Chaque ministre est-il maître dans ses affaires et, s'il est en désaccord avec ses collègues, le président du Conseil tranche-t-il le désaccord ? Vote-t-on au contraire, comme dans une Commission ? La majorité peut-elle se faire contre le ministre compétent et le président du Conseil ? Les ministres de l'Agriculture, du Commerce, des Colonies, du Travail, de l'Instruction publique peuvent-ils obliger le ministre de la Guerre à des opérations qu'il désapprouve ou celui des Affaires étrangères à des arrangements qu'il condamne ? Comment décide-t-on, par exemple, de promettre Constantinople à laRussie, d'arrêter l'offensive du 16 avril, de repousser les propositions de paix de l'Autriche ou de fixer la ligne de la France à la conférence de la Paix ? Pourquoi ne reste-t-il aucune trace de ces délibérations qui, en deux heures, engagent le sort de millions d'hommes ? Des troubles de mémoire n'amènent-ils pas, parfois, à propos des questions les plus graves, des discordances fâcheuses ?

Mais consulte-t-on même le Conseil des ministres sur les questions les plus graves ? Les ministres eux-mêmes désirent-ils toujours être consultés ? Apportant leurs projets spéciaux comme un devoir, contents de les avoir fait passer, ne se sont-ils pas souvent montrés très peu curieux du reste ? Quand l'affaire tourne mal, ne les entendons-nous pas dire souvent : « Nous n'en savions rien. »

Comment tout cela se passe-t-il ? Nous l'ignorons ; d'autres qui devraient être plus informés que nous n'en savent rien non plus. Tout cela n'a jamais été réglé et ne nous laissons pas dire qu'il y a des traditions : il n'y a même pas des habitudes ; toute une procédure qui n'a jamais été examinée publiquement, doit être arrêtée pour les délibérations et les décisions du Conseil des ministres.

Le président du Conseil des ministres
La présidence du Conseil sans portefeuille

Quels sont exactement les pouvoirs et les attributions de cet homme qui tient assurément en mains la destinée de la France ; peu de Français le savent exactement ; nous l'appelons président du Conseil des ministres : n'est-ce qu'un président de Commission ?

Nous voyons qu'il est en même temps : ministre de l'Intérieur, ou de la Justice, ou des Finances, ou des Affaires étrangères, ou de la Guerre, voire même de l'Agriculture ou du Commerce : tout cela aussi n'a-t-il aucune importance et ces cumuls doivent-ils être commandés seulement par les circonstances du moment et les convenances des ministres ?

Le cumul lui-même est-il admissible ? Cet homme qui, à tout instant, peut être amené à prendre des décisions capitales, qui doit garder constamment la plus grande liberté d'esprit, peut-il s'absorder en même temps dans la gestion d'un ministère ; doit-il, par les décisions journalières qu'il aura été appelé à prendre dans cette gestion, compromettre la liberté d'action et de manœuvre de président du Conseil et s'interdire les lignes de retraite ?

La politique de président du Conseil doit-elle être prisonnière de l'action du ministre des Affaires étrangères ou de celui de la Justice, ou de celui de l'Intérieur, ou de celui de la Guerre, ou de celui des Finances ? Pour nous, pour les étrangers, ne devons-nous pas exiger qu'il soit au-dessus de ces ministres et non l'un d'eux ?

A l'automne de 1881, M. Gambetta préparant son grand ministère, annonça qu'il prendrait la présidence du Conseil sans portefeuille. Déjà las et flairant l'odeur de la mort qui approchait, l'illustre partisan voulait sans doute ménager ses forces ; mais il pensait aussi que dans l'organisation de la République, le président du Conseil des ministres doit apparaître nettement comme l'unique chef du gouvernement. Poussant sa conception à l'extrême, Léon Gambetta voulait que le président du Conseil seul communiquât avec le président de la République et que celui-ci ne présidât plus le Conseil des ministres. Le président de la République d'alors, M. Léon Grévy jugea cette conception excessive. Quelques semaines passèrent : acculé au pouvoir, M. Gambetta modifia ses plans ; il prit, avec la présidence du Conseil, le ministère des Affaires étrangères et embarqua, pour trois mois, une équipe d'amis : personne alors, ni depuis, n'a appelé cette équipe un grand ministère.

Pendant trente ans, cette organisation nouvelle de la présidence du Conseil que M. Gambetta avait songé à réaliser sembla abandonnée. Mais, vers 1910, dans une enquête spéciale, plusieurs politiques notoires, anciens ou futurs présidents du Conseil, déclarèrent que le président du Conseil des ministres ne devait pas assumer la gestion spéciale d'un ministère et, pour parler notre jargon, qu'il devait être sans portefeuille.

Depuis cette époque, tantôt sous une forme, tantôt sous l'autre, l'idée est constamment reprise : elle est juste. Nous pensons tous, comme M. Gambetta, que le président du Conseil des ministres doit être le véritable chef du gouvernement : le chef du gouvernement, c'est-à-dire celui qui dirige effectivement tout le gouvernement de la France, qui surveille constamment la gestion des différents ministres, se tient prêt à conférer, à tout instant, sur chaque affaire, avec chacun d'eux, contrôle leurs projets, met de l'unité dans leurs vues et fait prévaloir les siennes sur les leurs. Au moment de la constitution du ministère, il a choisi des lieutenants ; il n'a pas délégué à des pairs une autorité à peu de chose près égale à la sienne. L'investiture qu'il a conférée à ses collègues, en les désignant pour les différents portefeuilles, ne ressemble pas à l'investiture qui lui a été conférée à lui-même, lorsqu'il a été appelé par le président de la République à la présidence du Conseil. Le président du Conseil reste et doit rester à tout instant le véritable chef du ministère qu'il a formé. Il doit constamment suivre l'action de tous ses ministres. Nous ne pouvons admettre qu'il nous donne, comme excuse, qu'absorbé par son département propre des Affaires étrangères, il n'a pu suivre suffisamment ce qui se faisait aux Finances ou à l'Intérieur et qu'il nous impose soudain, en matière de politique intérieure ou financière, de brusques et coûteux rétablissements pour redresser des directions qu'il n'avait pas eu le temps de surveiller : ces coups de volant peuvent nous sauver ou nous jeter contre le mur.

Nous ne pouvons imaginer facilement que le président du Conseil n'ait pas eu le temps de se former une opinion personnelle sur toutes les questions de quelque importance. Nous imaginons plus difficilement encore qu'il puisse être mis en minorité dans son propre ministère et qu'il soit contraint de subordonner sa politique à l'opinion de la majorité de ses collègues. Il est leur capitaine et non leur avocat ; leur chef et non le président d'une commission.

Tel est le rôle que nous lui assignons. Nous voulons, pour nous et pour les étrangers, qu'à tout instant il soit prêt à porter son effort sur tel ou tel département ministériel, à travailler au besoin toute la journée avec le titulaire de ce département si les circonstances l'exigent.

Nous voulons, pour les étrangers comme pour nous-mêmes, qu'à tout instant on sache où prendre le moteur vital du gouvernement de la France.

Quels que soient le génie et la puissance de travail du président du Conseil, il ne peut pas à la fois diriger ainsi toutes les affaires de la France et administrer utilement l'un des ministères. De temps à autre, des notes publiées dans les journaux nous apprennent que le président du Conseil a reçu, entre deux ambassadeurs, ou deux préfets, ou deux généraux, tantôt le ministre des Finances, ou celui de la Guerre, ou celui des Travaux publics. Le ton Louis quatorzième de ces communiqués nous surprend toujours ; nous sommes étonnés qu'on juge nécessaire de nous informer que M. le président du Conseil voit parfois ses ministres en dehors des conseils de ministres : car nous imaginions qu'il ne cesse pas de les voir et de les diriger, que c'est là sa fonction essentielle. Assurément il ne peut l'accomplir à notre satisfaction que si nous le déchargeons de toute autre besogne.

Nous commettons une folie en lui imposant en même temps la charge écrasante d'un ministère à gérer. S'il vient brusquement nous déclarer que, pendant qu'il gérait de son mieux ce ministère, un autre ministre, celui des Finances, ou de l'Intérieur, ou des Travaux publics, a engagé des mesures qui obligent à un dangereux renversement de la politique générale, nous en prendrons-nous à lui ? Prenons-nous-en à nous-mêmes qui n'avons pas voulu réfléchir à ces choses et qui acceptons des organisations rudimentaires pour le plus grand dommage de la France et des autres pays. Car tout le monde et, dans les affaires qui nous concernent plus particulièrement, toute l'Europe, paie les fautes ainsi commises par la France.

Mais voici l'objection : vous voulez, dit-on, que votre président du

Conseil exerce une action constante effective, prépondérante sur tous les autres ministres. Or, en fait, il n'exercera aucune influence sur eux s'il ne dispose pas d'une administration étendue par laquelle il puisse saisir, sur le fait, leur gestion, pénétrer indirectement chaque jour dans cette gestion et ainsi imposer ses vues.

Sans cela, il ne saura que ce que voudront bien lui dire les autres ; il n'obtiendra d'eux que ce qu'ils voudront bien lui accorder ; ce sera souvent peu de chose, et les faiseurs de conjurations contre le président du Conseil auront libre carrière.

Admettons, pour un instant, que le président du Conseil doive disposer de toute une administration pour surveiller indirectement, mais efficacement, la gestion de ses collègues. Cela nous obligerait à tirer une conséquence qui n'a jamais été explicitement affirmée et qui est en contradiction avec ce que nous pratiquons actuellement.

Les seuls ministres auxquels, dans cette conception nous pourrions donner la présidence du Conseil, seraient celui des Finances et celui de l'Intérieur ; eux seuls, en effet, disposent d'un personnel réparti sur toute la France et pouvant surveiller l'administration des autres ministères.

La réunion de la présidence du Conseil et du ministère des Finances peut se concevoir, à la rigueur, après une grave crise intérieure ou extérieure, à l'heure où toutes autres affaires doivent être subordonnées à la remise en état du budget. En temps normal, le ministre des Finances n'est et ne peut être que le grand trésorier de la France. Sa charge est lourde; quand, par un prodige de génie et de travail, il pourrait la cumuler quelque temps avec la présidence du Conseil, la solution, en elle-même et sauf circonstances exceptionnelles, est certainement mauvaise. Les considérations financières ne sont pas les seules : une nation peut avoir chaque année un bon budget et être néanmoins mal administrée. Le ministre des Finances garde et défend la bourse de la France ; les autres ministres défendent et accroissent leurs services. Nous trouvons dans un président du Conseil, affranchi de la gestion d'un ministère, placé au-dessus des uns et des autres, véritable chef du Gouvernement, imposant ses vues au ministre des Finances comme aux autres ministres, la garantie que les intérêts financiers et techniques seront combinés pour le profit de la France.

La réunion de la Présidence du Conseil au ministère de l'Intérieur ne suscite pas d'abord des objections de même nature. En fait, pendant longtemps, en France, le président du Conseil a pris généralement le ministère de l'Intérieur ; par ses préfets et ses sous-préfets, il pénétrait dans toute l'administration ; il imposait ou pouvait imposer à toute cette administration une certaine direction ; il mêlait ou pouvait mêler des vues politiques aux vues techniques ; par la police, il surveillait l'ordre public ; il semblait donc tenir ainsi indirectement les autres ministères et toute la politique intérieure de la France. Nous avons expérimenté à satiété ce système ; nous avons vu ce qu'il donnait : rien de bon pour nous et pour l'étranger. Le ministre de l'Intérieur mangeait le président du Conseil ; celui-ci finissait par accorder aux incidents de la politique intérieure et aux accidents de la police une importance disproportionnée. La France faisait une politique générale en fonction de la mentalité de ses sous-préfectures. Nous avons vu d'ailleurs ce que valait généralement la prétendue action directe du président du Conseil sur l'administration préfectorale et nous avons été copieusement renseignés sur la vanité des réceptions préfectorales au ministère de l'Intérieur. Cette conception d'un président du Conseil tenant par les préfets et les sous-préfets la gestion des autres ministres n'est même pas conforme à notre législation actuelle, puisque les préfets obéissent directement à tous les ministres et reçoivent de chacun d'eux des instructions qu'ils doivent exécuter sans avoir à en référer au ministre de l'Intérieur.

Au surplus, nous avons, depuis dix ans, renoncé à cette fusion de la présidence du Conseil et du ministère de l'Intérieur ; c'est tantôt le ministre des Affaires étrangères, tantôt celui de la Guerre qui a été président du Conseil. Instruits par l'expérience, nous ne pouvons trouver ces combinaisons meilleures que les autres. Celui-là a fait la guerre sans pouvoir songer à la préparation de la paix ; celui-ci a fait la Ruhr sans regarder aux Finances, aux chemins de fer et à l'Instruction publique. On nous a dit : la guerre ou les Affaires extérieures commandaient notre existence nationale : leur gérant devait donc diriger toute la politique nationale : raisonnement par trop simpliste. Nous voyions bien que tout le sort de la France était suspendu à la façon dont étaient menées la guerre et les Affaires étrangères ; la besogne était plus écrasante que jamais ; il y fallait toute l'énergie et le sang-froid d'un homme supérieur ; et nous voulions que, par-dessus le marché, et comme en se jouant, cet homme supérieur dirigeât en même temps toute la politique intérieure de la France, les Finances, les Travaux publics, l'Agriculture, les conflits du Travail, les Colonies et le reste ? Qu'est-ce que cela nous a donné, en fait : d'affreuses surprises, pour toutes les affaires autres que les extérieures et pour les extérieures elles-mêmes, nous avons très bien vu que cela ne nous donnait pas plus de force : bien au contraire. Définitivement engagé dans la gestion journalière de son ministère par des pourparlers, des conférences, lié par ses formules positives ou négatives, le ministre des Affaires étrangères n'avait plus le salutaire repli d'un président du Conseil, affranchi de ces quotidiennes difficultés et gardant l'esprit libre pour l'heure opportune. Le mélange chez nous de la présidence du Conseil et du ministère des Affaires étrangères, depuis quelques années, aura probablement coûté très cher à la France et à l'Europe.

Organisation de la présidence du Conseil sans portefeuille

Nous demandons donc un président du Conseil qui donne toute son activité, toute son énergie, tout son sang-froid au gouvernement de la France et qui ne soit plus contraint de les user ou de les perdre dans les détails quotidiens d'un service déterminé. Cela veut dire que nous devons lui procurer les instruments de travail; nous ne pouvons pas croire que, pour préparer cette action supérieure, quelques attachés de cabinet lui suffiront. Je répète, une fois de plus, que les économies de cervelles sont de très sottes économies et qu'une République qui veut s'organiser pour l'avenir, doit savoir faire la dépense des cadres nécessaires.

Une présidence du Conseil, sans portefeuille spécial, comporterait au moins quatre directions : 1° Direction d'administration générale ; 2° Direction de la législation à laquelle on rattacherait l'office de la législation étrangère ; 3° Direction de la presse, à laquelle seraient rattachées toutes les publications officielles ; 4° Direction de la statistique générale.

En outre, le Conseil d'État et les comités régionaux, remplaçant les Conseils de préfectures, seraient placés sous l'autorité immédiate du président du Conseil.

Enfin, celui-ci aurait aussi, dans ses attributions directes, le Conseil supérieur du travail national, jusqu'au jour ou le progrès naturel de l'institution la conduirait à devenir cette première chambre professionnelle dont nous avons besoin pour le développement pacifique de notre démocratie et pour celui des autres pays.

Direction de l'administration générale

Pourquoi mettre auprès du président du Conseil une direction de l'administration générale ?

Parce que, en arrivant au pouvoir, un président du Conseil doit trouver quelqu'un qui le renseigne rapidement et avec précision sur l'état des principales affaires de la France, le cours des procédures, les raisons des solutions adoptées. A cette condition, il sera mis en mesure de conférer avec ses ministres et de donner immédiatement les directions nécessaires.

Chaque jour qui suivra, quelqu'un devra l'aider à surveiller la gestion de tous les services, lui signaler les parties de l'administration sur lesquelles il doit porter son attention, centraliser et résumer pour lui les documents. Ne pensons pas que ce soit besogne d'un chef de cabinet; si bien choisi qu'il soit, un chef de cabinet n'est pas outillé et préparé pour ce travail essentiel.

Mais alors le directeur de l'administration générale sera un personnage très important de la République : sans doute; pourquoi voulez-vous qu'il soit un personnage secondaire? Nous autres citoyens et non pas seulement les Français, nous avons un besoin absolu que le président du Conseil des ministres sache où prendre, dès le premier jour et les jours suivants, tous les renseignements, base de son contrôle supérieur; nous voulons qu'il trouve constamment auprès de lui cette stabilité, cette honorabilité absolue, cette compétence, ce dévouement à l'intérêt public qui doivent exister partout, sous l'action politique. Seuls des fonctionnaires stables et expérimentés nous donneront ces garanties; seuls ils formeront utilement le lien entre l'action du président du Conseil et celle de ses prédécesseurs. Nous avons donc le droit d'exiger que ces fonctionnaires soient placés, près du président du Conseil, avec les conditions nécessaires de recrutement et de stabilité. Leur mission ne sera pas de recommencer les études des services; nous ne devons pas constituer ici ce que nous trouvons dans tant de parties de notre administration, un organisme parasite, qui, sous prétexte de revoir les décisions des agents techniques, absorberait peu à peu leur autorité et paralyserait leur gestion. Nous demandons un service qui prépare le contrôle général, assure l'action supérieure du président du Conseil et établisse cette coordination et cette suite dont l'absence a été si dangereuse pour nous, pour les autres et pour les présidents du Conseil eux-mêmes; père Joseph, si l'on veut; Richelieu lui-même ne cachait pas ce qu'il lui devait.

Ce chef d'administration générale serait de droit le secrétaire général du Conseil supérieur du travail national. Il se tiendrait ainsi en contact permanent avec les représentants des associations professionnelles de France et, par là, recevrait à tout instant des renseignements précieux pour l'action du président du Conseil.

Direction de la législation

Une direction, placée à la présidence du Conseil, doit centraliser et coordonner tous les projets de loi ou de règlement préparés par les différents ministères.

L'utilité de cette centralisation et de cette coordination ne peut être contestée ; nous pataugeons dans un fouillis de lois et de règlements dont nous voulons sortir. On dit que chaque ministère doit préparer lui-même sa législation, les techniciens seuls étant aptes à légiférer sur les matières techniques qu'ils connaissent : ce n'est pas exact. Nous voyons tous les jours que les connaissances techniques les plus étendues ne suffisent pas pour faire de bonnes lois et de bons règlements. Le plus souvent les techniciens, fort empêchés de mettre leurs conceptions en articles, appellent à l'aide des juristes. Chaque service de ministère veut posséder ainsi son petit Solon ; s'il ne l'a pas, il recrute un ou plusieurs extra qui travaillent au petit bonheur. Cette dispersion multiplie les lois et brise leur unité ; dans certains services, l'extra, ayant une cervelle fiévreuse, pond de la réglementation avec frénésie, sans souci des efforts du voisin. Lorsque nous apprenons qu'un ministre a apporté au Conseil un projet de trente articles, l'a expliqué et fait approuver en un quart d'heure, nous ne nous étonnons plus que tant de règlements sociaux se bousculent les uns les autres et nous jettent dans la confusion.

Un contrôle constant et efficace du président du Conseil devrait réfréner et coordonner cette production. Mais comment demander le contrôle du président du Conseil si nous n'avons pas mis à sa disposition un service de législation fortement constitué et unissant, à des connaissances juridiques étendues, le sens et l'expérience des possibilités.

A ce service doit être annexé l'office de la législation étrangère qui végète actuellement au ministère de la justice. Ministres, directeurs des services, membres du parlement sauraient désormais à quels agents responsables ils doivent s'adresser pour connaître avec précision, sur chaque question, l'état de la législation étrangère. Sans doute ils prendraient ainsi, peu à peu, l'habitude de se renseigner sur les expériences faites et les progrès réalisés dans les autres pays et nous en tirerions assurément un grand profit ; car nous commençons à soupçonner que nos règlements sociaux ne méritent pas toujours les compliments qu'en font volontiers ceux qui sont chargés de les préparer.

Direction de la presse

Une direction de la presse : ces mots seuls provoquent le rire ou l'indignation des gens suivant leur tempérament.

Diriger la presse ! Vous voulez sans doute la censurer ou limiter, en quelque manière, sa liberté : prétendez-vous revenir au régime du communiqué : n'avez-vous pas vu le mal qu'il a fait partout, chez nous et à l'étranger : mensonges contre mensonges.

Sans doute, ajoute-t-on, la liberté de la presse, c'est le déchaînement bi-quotidien de toutes les forces mauvaises ; mais c'est aussi la possibilité de crier à tout moment sa colère et son indignation ; c'est la menace perpétuelle pour tous les abus. Avec la liberté de la presse, on est bien sûr qu'un bandit sera toujours dénoncé, peut-être par un honnête homme, peut-être par un autre bandit ; qu'importe, il sera dénoncé : c'est la grande affaire pour le bien commun. Des braves gens seront injustement traînés sur la claie ; plaignons-les et surtout fournissons-leur plus de moyens de défense qu'ils n'en trouvent chez nous ; mais leur pitoyable aventure n'est rien auprès de toutes celles que nous ménagerait l'asservissement de la presse. La liberté de la presse est non seulement la soupape tutélaire de toutes nos agitations ; elle constitue la sauvegarde de toutes nos autres libertés et la meilleure éducatrice du peuple. A travers ces discussions ardentes, l'opinion publique se forme et sort des limbes.

Tout cela est exact : la liberté de la presse, dans une République, est l'une des plus essentielles. Mais cette force nécessaire, comme toutes les autres forces d'une démocratie, doit être disciplinée ; pour la discipliner, il faut commencer par la contrôler ; c'est ce contrôle qu'une bonne direction de la presse devrait assurer ; il n'existe aucunement à l'heure actuelle.

Les politiques sont livrés tous les jours aux journalistes ; on est très surpris, quand on questionne les plus avertis, de leur ignorance sur la puissance qu'ils redoutent. Que vaut exactement un journal ? quelle est son action, son tirage, comment vit-il ? quels sont ceux qui le font ? d'où viennent-ils, quel est leur passé, à quels mobiles obéissent-ils ? Les politiques n'en savent à peu près rien et s'en tiennent à des lazzis ou à des légendes.

Une direction de la presse devrait d'abord mettre constamment au net le dossier de chaque journal. Renseignements de police si l'on veut ; ce sont des renseignements dont tout homme qui gouverne a un besoin absolu et pour lesquels il ne peut s'en remettre à des cancans de couloirs, ou aux hasards d'une enquête menée par des subalternes.

Un fonctionnaire permanent ayant, par son honorabilité absolue et son passé, une forte situation, doit être chargé de ce contrôle général de la presse et, par ses attributions mêmes et par les adjoints que nous lui donnerions, mis constamment, sous sa responsabilité, en demeure et en mesure de signaler et au besoin de poursuivre les fautes commises par les journalistes.

Ce directeur sera donc, pour la presse, une sorte de procureur général ? Pourquoi avons-nous toujours peur des mots ; nous avons proclamé la grandeur et la nécessité de la liberté illimitée de la presse, mais à ses risques et périls.

A tout instant nous sommes surpris de la facilité avec laquelle certains journalistes traînent dans la boue les hommes et le régime de notre pays et des pays étrangers. Il y a des réactions individuelles, parfois tragiques ; il n'y a pas de volonté d'ordre, de droiture et d'apaisement tenace et persévérante. Pour ce service public, comme pour tous les autres, c'est cette volonté que nous voulons créer, à travers les mouvements de la politique ; elle est indispensable pour la paix intérieure et pour la paix extérieure.

Le directeur de la presse centraliserait obligatoirement, sous l'autorité du président du Conseil, toutes les communications faites par les ministres et leurs différents services à la presse française et à la presse étrangère. J'entends qu'on me traite de chimérique : comment interdire aux différents ministres et aux fonctionnaires de leurs cabinets toutes communications directes avec la presse. Ne manifestent-ils pas leur activité par ce flot de communications qui, à l'instant des Angélus, vers la onzième et la dix-neuvième heure, se heurtent tumultueusement dans tous les ministères ? Nous ne nous souviendrons plus demain que tel a été ministre : le saurions-nous seulement aujourd'hui s'il ne prenait chaque jour le soin de nous le rappeler par les confidences qu'il fait à quelque reporter ?

La satisfaction que ces appels lassants à notre attention donnent à quelques-uns ne compensent pas la confusion jetée, dans notre esprit, par tant de paroles peu concordantes. Joignons-y les mandements dominicaux que les ministres vont dire ou lire, à la fin de chaque semaine, aux quatre coins de la France et dans lesquels, à la même heure, ils ne prêchent pas toujours les mêmes vérités ; comment veut-on que nous nous y reconnaissions et où donc est la pensée du gouvernement ; tout cela aussi donne l'impression du désordre et de la confusion et ce n'est pas seulement pour les affaires intérieures que nous en souffrons.

La presse est un organe essentiel de notre vie sociale ; par elle seule, la plupart des Français peuvent suivre et juger le gouvernement de leur pays ; les communications journalières entre le gouvernement et la presse sont indispensables ; mais ces communications ne doivent pas être un instrument de lutte entre les partis ou de réclame pour certaines personnalités ; le service de la presse ne doit pas être l'officine d'une coterie. Là-aussi, comme partout, les notions d'intérêt général, de permanence, de régularité et de responsabilité doivent dominer. Nous qui ne connaissons le fonctionnement de notre pays que par ces communications journalières, nous avons le droit d'exiger que le directeur du service de la presse soit un fonctionnaire permanent, connu, exerçant publiquement, sous sa responsabilité, ses difficiles fonctions, placé en dehors de la politique. Son rôle est d'une part de tenir exactement, jour par jour, le président du Conseil au courant de tous les mouvements d'opinion qui se manifestent dans la presse française et la presse étrangère ; d'autre part, de donner aux représentants des journaux des informations exactes, coordonnées, et de rectifier au besoin les notes inexactes qui auraient paru. Cette rectification paraîtra puérile à ceux qui mettent en dogme la mauvaise foi des journalistes. Mais la vérité domine les journalistes comme les autres et des rectifications nettes et précises ruinent peu à peu l'autorité d'un journal dans l'esprit des lecteurs.

Si la machine était fortement construite, la presse la plus redoutable s'y userait les dents. Quand nous aurons cette distinction nette de la force administrative et de la force politique et une organisation rationnelle de la force administrative, les dangers de la presse seront singulièrement réduits. Que peut un journal contre un directeur de service parfaitement honorable, parvenu à son poste par son mérite et qui n'envisage que le bien public ? Quelques attaques qui, dans une république normale, devraient d'ailleurs être immédiatement poursuivies et punies par le gouvernement ; mais si le gouvernement est défaillant, croit-on que cela gênera beaucoup le directeur et que cela l'empêchera de poursuivre ce qu'il croit être le bien ? Tout le mal vient actuellement de l'exagération du pouvoir des politiques et de l'importance capitale de la presse pour les politiques. Ils ne sont connus que par elle ; pour elle, ils sont, à toute heure, vulnérables ; son silence est plus cruel pour eux que ses injures ; elle peut les ensevelir vivants. Les plus hauts la redoutent et parfois la flagornent. Un honnête administrateur s'en moque ; il n'a pas besoin d'elle ; il n'attend pas une élection ; si la presse s'en prend à lui, qui n'a rien à se reprocher, même quand il ne serait pas soutenu par les gens au pouvoir, c'est lui qui l'usera.

Nécessité d'une législation internationale et de tribunaux internationaux pour la presse

Je viens d'expliquer brièvement comment nous concevons un commencement d'organisation de la presse, comme si c'était une question exclusivement nationale, comme s'il s'agissait seulement d'un service public intérieur. Or la presse est, dès maintenant, une immense force internationale, c'est donc internationalement que la presse devrait être organisée, contrôlée et s'il y a lieu, jugée.

Puisque la presse est aujourd'hui le plus puissant instrument de rapprochement ou de division des peuples, pouvons-nous tolérer plus longtemps qu'embusqués derrière des législations souvent médiocres comme la nôtre, les gens de la presse puissent empoisonner la paix ?

Un individu, ayant plus d'entregent que de scrupules, trouve, à la suite de quelles tractations, un riche commanditaire et un pauvre gérant rachète ou fonde un journal : du jour au lendemain, ce personnage suspect devient redoutable ; il peut, sous l'anonymat, car rien n'oblige à signer les articles, attaquer, diffamer, déshonorer. Nous nous accommodons de cela ; tant pis pour nous, quand il n'attaque que des Français. Mais demain, sous couleur de patriotisme, il traînera dans la boue, les hommes des pays voisins ; il les ridiculisera ; il leur prêtera des mobiles infâmes ; demain, sous prétexte d'informations, ses notes mensongères ou perfides, dénatureront les faits, les actes, les paroles et ameuteront un peuple contre un autre. Et nous tolérons cela ; et il n'y a pas une loi internationale sur la presse ; et nous ne demandons pas des tribunaux internationaux pour ces feuilles volantes qui par-dessus les frontières portent chaque jour la paix ou la guerre ! Au milieu de tant d'imprévisions qui nous avertissent que nous sommes encore peu civilisés, celle-là confond.

Une direction de la presse française aurait pour première mission de collaborer énergiquement à cette législation internationale dont les éléments devraient être la suppression, dans toute la mesure possible, de l'anonymat dans la presse et la responsabilité effective et solidaire du directeur politique et du rédacteur en chef, pour tous les articles et informations publiés dans le journal.

Direction de la statistique générale

Enfin, c'est à la présidence du Conseil que doit être la direction de la statistique générale chargée de centraliser, expurger, résumer les travaux de statistique indispensables pour un bon gouvernement du pays, mais dont les services techniques sont portés, tantôt à réduire, tantôt à exagérer l'utilité. Beaucoup de renseignements qui nous sont ainsi donnés avec dispersion n'ont qu'un intérêt minime et une exactitude insuffisante. Les hommes d'action s'y perdent ; les théoriciens en tirent, avec dextérité, des conclusions disparates.

Laissons à un service central, placé sous l'action immédiate du président du Conseil, le soin de coordonner ces accumulations de chiffres,

Il nous donnera, chaque année, les indications qui peuvent vraiment nous intéresser et sera toujours prêt à les compléter, avec l'aide des techniciens, en répondant, par des notes spéciales, aux questions précises posées par les membres du parlement, les ministres ou les chefs de service et en poursuivant au besoin, en France et à l'étranger, les enquêtes nouvelles nécessaires.

La permanence des agents de la présidence du Conseil

Voilà les principaux services dont nous voyons la nécessité à la présidence du Conseil : là, comme partout, tout est subordonné à la permanence et au bon recrutement.

La permanence est indispensable puisque nous devons placer dans les services de la présidence du Conseil, comme dans tous les services publics, non pas les hommes d'un ministre, mais des fonctionnaires assurant devant le parlement et la nation la responsabilité d'une fonction déterminée et prêts à donner immédiatement, sous leur responsabilité, au président du Conseil, qui prend le pouvoir, tous les renseignements dont il a besoin.

Mais comment assurer un bon recrutement ? La relative exiguïté des services paraît une mauvaise condition de recrutement. Lorsqu'un service comprend seulement quelques agents, en supposant que nous mettions du premier coup la main sur des candidats excellents, n'aurons-nous pas beaucoup de peine à les remplacer s'ils disparaissent ? s'ils ne donnent pas satisfaction, le président du Conseil pourra-t-il s'en débarrasser, sans leur fournir, à nos dépens, quelque prébende ? Nous avons ainsi actuellement dans l'administration française un certain nombre de postes isolés ; l'expérience condamne ce système. Pour assurer un bon recrutement et faciliter les mutations, nous devons nous ingénier à rattacher ces postes à un corps permanent, par exemple au Conseil d'État, qui, par sa nature et ses attributions, doit être certainement sous l'autorité immédiate du président du Conseil.

Le Conseil d'État

Une réunion d'hommes rompus aux affaires publiques, accoutumés par formation d'esprit, métier, traditions, ambiance, à dégager l'intérêt général du conflit des intérêts privés ; les uns, recrutés par le concours ; les autres, pris dans les plus hautes fonctions administratives ; placés auprès du gouvernement, prêts à lui donner à tout instant l'appui de leur expérience et de leur autorité : voilà comment la France comprend cette institution à laquelle elle est fort attachée.

Napoléon disait : « Des gens instruits, bons travailleurs et de bonne réputation. »

Le Conseil d'État vient de loin, de l'ancienne monarchie ; le premier Empire lui a donné tout son éclat ; la France entière porte la marque du Conseil d'État de 1804 ; il a traversé tous les régimes ; il est peut-être plus nécessaire encore à la République qu'à l'Empire ; mais nous n'avons pas su l'adapter à la démocratie.

Dans l'organisation rationnelle des services de la République, le Conseil d'État, qui serait mieux appelé le Conseil de la nation, est la clef de voûte, le point d'appui central de toutes les administrations, en même temps que le Conseil permanent du pouvoir politique. Il établit le lien entre les deux forces : la politique et l'administrative.

La place normale du Conseil d'État est certainement à la présidence du Conseil. C'est là que doit être concentré le contrôle technique de tous les services publics ; à propos des affaires particulières, maintenues la constance et la hauteur de vues, la suite persévérante des longs desseins nécessaires à la grandeur de la nation et au bonheur des individus ; c'est là que doivent être préparées, protégées la bonne organisation de chaque service public et la coordination de l'ensemble des services ; c'est là que le budget de chaque service public devrait être examiné et discuté soigneusement avant d'être présenté au parlement.

Le Conseil d'État deviendrait ainsi le régulateur de la vie administrative : à tout instant, son expérience, son activité devraient être, en quelque sorte, sous la main du président du Conseil. Nous garderions ainsi ce qu'il peut y avoir d'utile pour la force de la République dans l'organisation de l'an VIII.

Combien, à ce point de vue, nous avons encore à faire ! Personne ne conteste la nécessité du Conseil d'État ; personne n'oserait soutenir qu'il remplit le rôle qui lui appartient normalement dans une démocratie et qu'il est organisé pour remplir ce rôle. La guerre a achevé de démontrer que là aussi, une réforme profonde était nécessaire ; qu'à une démocratie en marche vers l'avenir, il faut un Conseil d'État démocratique.

En août 1914, dans la désorganisation des pouvoirs publics, bien des yeux se sont tournés vers le Conseil d'État. Quelle a été sa part dans l'élaboration de toutes les mesures administratives, économiques, financières, dans la création, l'organisation, le contrôle de tous les services nouveaux que commandait la guerre ? A peu près nulle. Individuellement, les hommes ont fait ce qu'ils ont pu ; beaucoup, dans les postes où ils ont été dispersés, ont rendu de grands services : le Conseil d'État n'a pas joué le rôle que la nation était en droit d'attendre.

Dira-t-on que c'est parce qu'on ne le lui a pas demandé ? Peut-être : mais dans les circonstances tragiques, chacun doit prendre ses attributions et ses responsabilités ; là encore, l'esprit d'organisation, la volonté réfléchie et persévérante avaient manqué ; à l'heure du destin, la République n'a pas trouvé l'instrument nécessaire ; nous avons payé cher les instruments de fortune.

On divise les besognes du Conseil d'État en trois catégories ; contentieuses, législatives, administratives.

Pour aucune de ces catégories, le rôle du Conseil d'État, dans la République, n'a été rationnellement établi.

La République a laissé manger son Conseil d'État par le contentieux.

Les besognes dites contentieuses, auxquelles le Conseil d'État a d'ailleurs appliqué une procédure excellente, très supérieure à la procédure civile et dont il s'est acquitté à la perfection, sinon toujours avec rapidité, ont été démesurément accrues.

Sur cent douze membres du Conseil d'État, près de la moitié font exclusivement du contentieux. Tous les autres sont obligés de participer aux besognes du contentieux, et à quelles besognes ! On se met à quatre conseillers d'État pour juger pendant quatre heures des contributions. Si on faisait le total, les besognes contentieuses absorbent plus de la moitié des heures de travail du Conseil d'État. On a usé, on use, de plus en plus, de jeunes vies précieuses à des rectifications misérables de feuilles d'impôts. La République appelle au Conseil d'État par un concours difficile, une élite de jeunes gens ; ils arrivent vers la vingt-cinquième année, ardents, bourrés de connaissances, l'esprit assoupli par une longue préparation, croyant qu'ils vont travailler à la vie de la démocratie. On les plonge, le lendemain, dans ces obscures besognes de judicature, moins intéressantes et moins vivantes que les affaires d'un tribunal d'arrondissement. On les y laisserait volontiers jusqu'à la fin de leur vie, s'ils ne se débattaient. Tous ne se débattent pas : ils s'accommodent de cette vie mesurée, honorable et, à leurs heures de loisir, font autre chose. Ils savent bien que ce serait une duperie de croire que leur participation par ci par là à quelque arrêt fameux, la garantie de l'Orléans, l'arrêt du chasseur de vipères, ou l'arrêt sur le gaz de Bordeaux, suffit à remplir une vie. Ils écrivent, professent, voyagent. Ce n'est pas pour cela qu'on les avait recrutés : ils pouvaient rendre d'autres services à la République.

Comment ce corps d'administrateurs a-t-il été amené ainsi à se tranformer en tribunal administratif ?

En l'an VIII, aucune différence entre les délibérations du Conseil d'État en matière administrative et ses avis en matière contentieuse : les avis donnés au chef du gouvernement, sur la solution que comportaient les litiges administratifs, c'est-à-dire les réclamations des citoyens à propos d'un acte administratif, étaient préparés par la section compétente et examinés en assemblée générale, comme les autres affaires ; c'étaient des avis, rien de plus, sans procédure organisée et sans formes obligatoires. L'article 52 de la constitution de l'an VIII dit : « Sous la direction des consuls, le Conseil d'État est chargé de résoudre les difficultés qui s'élèvent en matières administratives. » Cela ressemblait fort à l'ancien conseil du roi, qui n'était pas d'ailleurs si lointain : douze ans seulement séparaient de l'ancienne monarchie ; tout le monde avait vu fonctionner les sytèmes qu'on restaurait avec des mots nouveaux.

En 1806, on prit, dans le sein du Conseil, une commission spéciale du contentieux composée de six maîtres des requêtes et de six auditeurs chargés de préparer les décisions présentées à l'assemblée générale pour être soumises au souverain. Celui-ci bien entendu gardait la décision ; mais on commença à tracer des règles de procédure et on organisa le ministère des avocats au Conseil d'État, nommés par l'empereur.

La Restauration mit, pêle-mêle, dans le comité du contentieux, des ministres et des administrateurs : ceux-mêmes dont les décisions étaient attaquées : plaintes, protestations.

Le gouvernement de juillet promit une loi et, en attendant cette loi, par les ordonnances de 1831, exclut les administrateurs du contentieux, créa un ministère public, rendit les séances publiques et le débat contradictoire. Le Conseil d'État statuant au contentieux prenait figure de tribunal ; cependant il ne donnait toujours qu'un avis : c'était le roi qui prenait la décision et pouvait la prendre dans le sens qu'il voulait. En fait, la souveraineté du roi restait théorique : il ne prenait pas de décisions contraires à l'avis du Conseil.

En 1845, la première loi organique du Conseil d'État consacre et développe l'ordonnance de 1831. Le roi ne pourra modifier les avis du Conseil sur les litiges administratifs que par ordonnance motivée et de l'avis du Conseil des ministres.

La République de 1848 achève l'évolution, attribue au Conseil d'État un pouvoir de juridiction propre, qui est exercé non par le Conseil d'État tout entier, mais par une section spéciale, la section du contentieux, composée de neuf conseillers.

Avec le second Empire, réaction : on revient au système du premier Empire et de la Restauration, au simple avis donné en matière contentieuse : c'est l'empereur qui décide souverainement ; mais on organise le fonctionnement du Conseil d'État statuant sur les litiges en matière administrative : on fait de ces réclamations deux catégories : les unes sont examinées, sans ministère d'avocat, par la section du contentieux; les autres, avec ministère d'avocat, par la section publique du contentieux qui se compose de la section du contentieux et de deux conseillers délégués par chacune des quatre sections administratives.

L'Assemblée nationale de 1872 fond tous les sytèmes et donne au Conseil d'État sa constitution actuelle. Au contentieux, le Conseil d'État ne donnera plus désormais des avis; il rendra des jugements souverains comme un tribunal. On essaie d'associer tous les conseillers dans les différentes besognes du Conseil ; ceux du contentieux continueront à suivre les travaux des sections administratives : ils participeront obligatoirement aux assemblées générales du Conseil et ils se prononceront sur le travail de ces sections ; ceux des sections administratives participeront, par leurs délégués, à l'assemblée publique du contentieux.

Le contentieux s'étendant toujours, on a, avec les éléments des sections administratives, constitué une section spéciale du contentieux à laquelle on a renvoyé toutes les affaires les moins importantes et qui contribue à transformer tout le Conseil d'État en un tribunal administratif.

Pourquoi cet envahissement du contentieux? pourquoi des tribunaux administratifs ? Pour la plupart des attributions qui leur ont été conférées, cela s'explique plutôt empiriquement que rationnellement. Aucune raison supérieure ne peut justifier l'attribution aux Conseils de préfecture et au Conseil d'État des contraventions de grande voirie, des réclamations en matière de contributions directes, des contestations relatives au domaine national, du contentieux des travaux publics et des marchés de fournitures.

Rationnellement, ce qu'on appelle la juridiction administrative ne peut s'expliquer que lorsqu'il s'agit non pas à proprement parler de jugement et de contentieux, mais d'exercice de la haute administration et de garanties spéciales à donner aux citoyens contre les mouvements de cette administration. En ce sens, au premier chef, les recours pour excès de pouvoir, c'est-à-dire les réclamations contre tous les actes illégaux et injustes des administrateurs de France, la vérification de la régularité des élections, les contestations sur l'interprétation ou l'application des grandes concessions de travaux publics, sont bien du domaine d'un corps supérieur d'administrateurs ; le reste n'est qu'une déformation de son rôle.

L'extension des attributions contentieuses du Conseil d'État vient principalement de la perfection avec laquelle il s'est toujours acquitté de ces sortes de besognes et de l'excellence de la procédure qu'il y a appliquée : mais il s'est ainsi peu à peu détourné de sa véritable mission.

∴

La République n'a pas su fixer la part exacte que le Conseil d'État devait prendre à l'élaboration des lois.

Depuis trente-huit ans, j'ai rencontré peu de gens s'intéressant à mon métier qui ne m'aient dit : « Ah, que ne vous fait-on faire les lois ! » Et non seulement des gens du monde qui savent vaguement que le Conseil d'État, au temps du premier Empire, a joué un grand rôle dans la confection des lois et ne se rendent pas très bien compte de la différence d'une République démocratique avec un Empire, mais même des hommes politiques.

La tradition veut que tout nouveau ministre de la justice vienne, au moins une fois, assister aux séances du Conseil d'État dont il est nominalement le président. Jadis, on nous faisait mettre en habit, à une heure de l'après-midi pour cette cérémonie; un plus juste sentiment des mœurs démocratiques et des habitudes mondaines nous a dispensés de cette formalité. Généralement, avant d'aller prendre séance, pour quelques moments, le garde des sceaux nous réunit dans un salon qui vit, aux temps de la régence, d'autres réunions. Nous entendons alors deux discours, celui du vice-président du Conseil, souhaitant la bienvenue au ministre de la Justice et la réponse de celui-ci. Agréables moments : je n'ai jamais entendu dire plus de bien du corps auquel j'ai l'honneur d'appartenir ; j'ai ainsi vu passer quarante ministres de la Justice ; je n'ai pas souvenance qu'un seul ait omis de déplorer notre faible participation à l'œuvre législative et de promettre qu'il tâcherait de nous y associer davantage ; j'ai toujours pensé que c'étaient des politesses irréfléchies. Ce n'est pas notre rôle de faire des lois, de dire les opinions communes de notre nation : c'est l'affaire du parlement ; ce rôle essentiel n'appartient et ne peut appartenir qu'à lui. Nous n'avons pas à préparer les lois ; nous pouvons mettre au dossier d'une loi, préparée par d'autres que par nous, un avis utile, s'il est limité aux observations que peut faire un corps de techniciens sur une certaine donnée, sur la réalisation pratique de cette donnée et les conséquences qu'elle entraînera ; mais cet avis excéderait singulièrement le rôle du Conseil d'État s'il aboutissait à lui donner une part prépondérante dans les directives des lois.

Si l'on se décide à créer ou tout au moins à préparer dans la forme première d'un Conseil supérieur du travail national cette Chambre professionnelle dont, pour ma part, je crois depuis si longtemps la nécessité démontrée, c'est là qu'il faudra chercher la préparation utile des lois. Sur tous les projets qui sortiront de cette Chambre professionnelle, le

Conseil d'État pourra utilement donner un avis technique ; il est assez vraisemblable que, par la force des choses, le parlement et le gouvernement seront amenés à exiger cet avis et à le considérer comme une pièce normale du dossier : encore faudra-t-il que le Conseil d'État se borne, non pas à substituer ses conceptions à celles de l'Assemblée professionnelle, mais à mettre celles-ci en ordre.

C'est ce qu'il fait déjà dans les règlements d'administration publique. La pratique a amené une division dans le travail législatif, montrant ainsi d'ailleurs combien les vieilles répartitions théoriques entre le pouvoir législatif et l'administratif sont devenues vaines. Les détails d'application des lois sont souvent fixés par les administrateurs et notamment par décrets du président de la République. Pour les principaux de ces règlements, le Conseil d'État est consulté obligatoirement. Simple avis : le ministre, qui a demandé obligatoirement cet avis, peut remanier le règlement de fond en comble avant de le soumettre à la signature du président de la République : le Conseil d'État a été consulté ; la forme est sauvée : ce n'est pas là une vaine hypothèse. Si, dans les matières techniques, on s'abstient généralement, et pour cause, de toucher au texte élaboré par le Conseil d'État, pour les dispositions fixant des règles générales, des tarifs d'offices ministériels ou des questions de personnel, par exemple l'organisation du recrutement et de l'avancement des magistrats, la même réserve n'a pas toujours été observée ; c'est assurément une garantie de moins pour les citoyens. Du moment où le législateur renvoie à un règlement d'administration publique l'organisation pratique des principes d'une loi qu'il vient de voter, il ne paraît pas excessif de demander que le règlement soit bien l'œuvre des autorités qu'on doit consulter obligatoirement et particulièrement de la plus haute, de celle qui, par sa nature et sa composition, présente le plus de garanties.

Si la pratique, bouleversant les anciennes théories sur la séparation du législatif et de l'exécutif, a amené cette scission utile des règlements sociaux en lois renfermant principalement les règles générales et en décrets d'administration publique, contenant surtout les détails d'application, nous devons organiser, avec le plus grand soin et la plus grande précision, la procédure par laquelle est élaborée la partie d'application. Ce n'est pas toujours la moins importante ; elle ne peut être abandonnée aux hasards des carrières et des opinions ministérielles. Là aussi, pour la paix publique, il faut substituer la permanence et la sécurité aux mouvements de la politique. Un corps d'administrateurs pourvus de traditions, de compétence et du souci désintéressé du bien public, comme les gens du Conseil d'État, est tout qualifié pour élaborer ces règlements. C'est ainsi que, dans notre organisation actuelle, se transforme l'ancien rôle législatif du Conseil d'État ; c'est en ce sens qu'il peut participer efficacement à l'élaboration des lois.

***

Les attributions contentieuses du Conseil d'État font l'objet de traités justement estimés et d'innombrables articles. A ses attributions administratives, quelques lignes à peine ; la proportion manque d'équité et de jugement ; chacun se doute bien que, depuis cent ans, le Conseil d'État a été associé à toutes les grandes affaires administratives de ce pays ; son nom même exprime principalement ce rôle ; mais que fait alors exactement le Conseil d'État ?

Laissons l'histoire et prenons seulement le présent. Chaque année le Conseil d'État examine plusieurs milliers d'affaires administratives. Dans toutes ces affaires il intervient non seulement pour surveiller la régularité de l'opération, mais pour défendre l'intérêt supérieur de la nation et faire prévaloir l'intérêt public. Lorsqu'il estime que le projet préparé par le ministre doit être modifié ou abandonné, il l'exprime par des notes ou des avis longuement motivés, expliquant pourquoi l'affaire est mal engagée, mal présentée, ou mauvaise pour la nation. Le ministre reste juge de savoir s'il doit tenir compte de ces avis : il ne peut en être autrement ; le ministre est le délégué de la nation ; sous sa responsabilité, il doit garder sa liberté.

Mais ce qui marque bien toute la confusion entre les régimes dans laquelle nous nous débattons encore, c'est qu'en principe l'avis du Conseil d'État doit demeurer secret : il est pour le ministre seul ; il faut éclairer celui-ci, mais non l'embarrasser : c'est la pure tradition de l'Empire. Aussi les ministres, toujours persuadés qu'ils sont des douzièmes ou des quatorzièmes d'empereur, traitent-ils souvent ces avis si longuement discutés, dont tous les termes ont été pesés, comme de simples formalités. « On devait consulter le Conseil d'Etat ; il l'a été ; la loi est satisfaite : peu importe ce qu'il a dit ; il est empêtré dans ses traditions et ses précédents ; nous qui passons, nous savons mieux que lui ce qui convient à notre politique d'un jour. »

Avant même que la délibération commence, les représentants du ministre laissent parfois entendre que la volonté du ministre est fixée et qu'il passera outre au besoin à l'avis du Conseil. Ainsi pouvait faire, en principe, avant 1872, le chef de l'Etat, des avis donnés par le Conseil d'Etat, même en matières contentieuses ; avant cette date, tous les avis donnés par le Conseil d'Etat, en matière administrative ou contentieuse étaient, en principe, sur le même pied : de simples conseils.

Depuis 1872, le Conseil d'Etat, en matière dite contentieuse, décide souverainement, publiquement : dans les matières dites administratives, il reste un conseiller secret, souvent une Cassandre. Cette différence radicale, d'un instant à l'autre, entre la valeur de l'opinion des mêmes hommes, ne repose pas sur une notion rationnelle. Dans les affaires administratives d'une République, l'intervention du Conseil d'Etat n'est pas un humble conseil au ministre d'un jour, un contrôle sur ses chefs de service, une simple formalité destinée à l'éclairer : c'est une garantie réservée à la nation.

Faut-il aller jusqu'à donner à ces avis une forme obligatoire et ne réserver au ministre que le droit de ne pas donner suite à l'affaire? Par ci, par là, plus, semble-t-il, par des improvisions momentanées que par des vues générales, le législateur lui-même s'est engagé dans cette voie et a prescrit que certaines décisions ne pourraient être prises, par le ministre, que conformément à l'avis du Conseil d'Etat; nous n'en demandons pas tant; nous demandons seulement qu'ici, comme partout, on rompe avec la conception de la souveraineté impériale du ministre. Le conseil d'Etat n'est pas fait pour lui; il est fait pour la nation; tous ses avis doivent être publics; on dit qu'ils gêneront le ministre : tant mieux, s'il a tort; chacun assumera sa responsabilité, le Conseil d'Etat et le ministre; tandis qu'actuellement nous ne connaissons qu'une association anonyme d'irresponsabilités.

Le Conseil d'État devrait débarrasser définitivement la France de la plaie des commissions. Voilà un mal dont je puis, autant que quiconque, parler en connaissance de cause : je l'ai vu de très près.

Toute la force d'action de l'administration supérieure, depuis quarante ans, s'est épuisée en comités et commissions. L'almanach national donne pour chaque ministère, la liste des commissions, comités, conseils permanents, annexes de ce ministère. La liste est longue; certains directeurs de grands services font partie de plus de vingt commissions permanentes. Aux commissions permanentes s'ajoutent les temporaires qu'à tout instant, à propos de tout, les ministres instituent. Au moindre embarras, on constitue une commission; on la charge tantôt de déplacer un fétu, tantôt de découvrir des quadratures; on modifie son objet et sa composition suivant l'article ou la visite du matin; on la met en sommeil ou on la réveille d'après les sautes du vent ou des idées.

Quand on dresse l'état de toutes les commissions permanentes ou temporaires, on demeure stupéfait de l'ubiquité de certains fonctionnaires; toute leur vie, ils courent d'une commission à l'autre.

Elles se multiplient, se croisent, s'embarrassent ainsi, comme des taupes, dans leur petit travail mélancolique, les pauvres commissions;

elles meurent, ressuscitent, meurent de nouveau, après avoir entassé des papiers plus frais sur des papiers jaunis. Que reste-t-il après la dernière séance ? Un nouveau rapport, transaction souvent bâtarde entre des opinions opposées, œuvre collective de ceux qui se dispersent avec un soupir de satisfaction et laissent à ce cahier de papier le soin de se défendre lui-même. Personne ne s'intéresse plus à ces feuilles qui, pendant tant d'heures, ont occupé tant de gens ; celui qui les a rédigées les regarde sans bienveillance, comme le fruit de mauvaises veilles. Paria de la littérature administrative, le rapport va dormir sous la poussière d'un bureau, à moins qu'il ne soit définitivement perdu. Une seule chose peut le sauver de l'oubli, mais elle l'en sauve sûrement : c'est que cette réunion éphémère d'anonymes, sans responsabilité aucune, ait tiré quelque traite sur le Trésor public ; souvent, dans quelles conditions, après quelles manœuvres, quelles tractations, quelles désertions ; parce que ceux qui avaient la charge de défendre l'intérêt général ne pensaient qu'à leurs commodités et à un petit brin de popularité ; tout simplement parfois, parce que la commission n'était plus en nombre ; parce qu'on avait hâte d'en finir ; parce qu'après tout, on n'était qu'une commission et qu'on n'avait aucune responsabilité. Les bénéficiaires de la traite ne laissent pas alors oublier la commission ; ils s'arment du rapport et lui donnent la vie ; on a posé au hasard des principes : ils deviennent intangibles ; vite, appliquons-les jusqu'à leurs dernières conséquences ; voilà un bon rapport ; on le représente sans cesse comme une traite et tôt ou tard le contribuable paie.

Ainsi, récemment encore, j'ai vu une de ces vagues commissions où un ministre des Finances avait pensé mettre en sommeil une question brûlante, tirer sur le Trésor une traite de deux milliards et demi, bouleverser notre économie nationale, et par-dessus le marché, celle des peuples voisins. Car plus que jamais, nous nous tenons et nous nous tiendrons, les uns les autres, Français et Étrangers. Quand, à propos d'une publication internationale pour la paix, nous prenons le soin d'expliquer les vices d'organisation de notre démocratie, ce n'est pas seulement par le goût des confessions publiques ; c'est parce que nous sentons très bien que nous en sommes comptables, non seulement envers nous-mêmes, mais envers les nations voisines. Quand une commission irresponsable bouleverse chez nous, en quelques matinées, tous les salaires des services publics, ce n'est pas seulement dans notre budget de l'intérieur de la France, que les répercussions se font sentir.

Je demande depuis longtemps qu'un Conseil supérieur du travail national groupe, d'une façon permanente, toutes les compétences professionnelles de la France. En dehors de ce Conseil et, sauf un très petit nombre de comités techniques exigeant des spécialistes, toutes les commissions presque toujours si inutiles, parfois si dangereuses, empiétant sur le rôle normal et nécessaire du Conseil d'Etat, doivent disparaître. Le Conseil d'Etat doit être en principe le seul Conseil du gouvernement, du pouvoir politique et de la nation, dans les affaires de tout ordre, extérieures et intérieures pour lesquelles les travaux, les études ou l'avis d'une commission sont nécessaires. Par ses sections administratives, il doit connaître l'ensemble des affaires publiques. C'est au président de la section correspondante que les ministres, les chefs de services, ou les commissions du parlement doivent demander avis, études, travaux, enquêtes. Ainsi, même pour ces travaux et ces études, nous et les étrangers, nous obtiendrons l'esprit de suite et de responsabilité. Si l'étude est médiocre ou incomplète, l'avis nul ou dangereux, nous saurons qui est responsable, le président de section et ses conseillers ; nous n'aurons plus devant nous des papiers, œuvre anonyme d'anonymes, nous aurons des hommes, des fonctionnaires permanents, connus, classés, catalogués, à qui nous pourrons et devrons nous en prendre s'ils ont mal fait leur besogne.

Tel devrait être le rôle du Conseil d'Etat dans notre démocratie . il est aux confins de la force politique et de la force administrative ; c'est là que, sous l'autorité immédiate du président du Conseil, doivent, pour notre bien et la régularité de la République, s'amalgamer les deux forces.

La compétence, la hauteur de vues, le dévouement, le sens de l'avenir des hommes qui composeront le Conseil d'Etat, ont, pour la nation et ses destinées, une grande importance. Il ne suffit pas de mettre dans les lois et règlements : tel corps exercera telles attributions ; si la composition du corps ne correspond pas à ces attributions, les prescriptions demeureront lettre morte ; si le corps est composé d'éléments vigoureux et mis à leur place dans la hiérarchie, ses attributions se développeront normalement, d'elles-mêmes. Avons-nous fait cela pour le Conseil d'Etat de notre République ? Si nous demandions demain au Conseil d'Etat la véritable besogne pour laquelle il est institué, plus nécessaire encore dans une démocratie que dans un Empire, aurions-nous immédiatement satisfaction ? est-il à pied d'œuvre ? l'avons-nous composé et dressé pour cela ?

Les quatre cinquièmes du Conseil d'Etat proviennent d'un concours excellent, préparé et jugé avec un soin extrême ; aucun concours n'est infaillible : dans l'ensemble, les résultats justifient celui du Conseil d'Etat ; mais il est certain que le concours ne doit pas être le seul mode de recrutement du Conseil d'Etat : ce n'est pas un corps fermé et comme une assemblée de chanoines laïcs, faisant, au son de la clochette, des gestes rituels : la vie extérieure doit y pénétrer largement. Actuellement, sur trois postes de conseiller d'Etat vacants, deux sont réservés aux maîtres des requêtes, le troisième peut être donné discrétionnairement par les ministres, sans aucune condition de titres et avec une seule condition d'âge : quarante ans. Sur quatre vacances de maîtres des requêtes, trois sont réservées aux auditeurs, la quatrième est attribuée aux candidats de l'extérieur. En fait, le gouvernement a appelé ainsi le plus souvent de l'extérieur des préfets et des hauts fonctionnaires dont il ne voulait plus, ou des chefs de cabinet qui avaient contenté leur ministre. On peut penser que cette façon de faire pénétrer la vie extérieure dans le Conseil d'Etat et de lui ajouter des compétences, n'est pas la plus sûre. Les membres du Conseil d'Etat qui proviennent du concours devraient être constamment brassés, avec la vie extérieure, par des missions, des délégations. Les chefs des principaux services devraient tous être rattachés au Conseil d'Etat et participer à ses travaux sous des formes plus actives et moins désuètes que celles des conseillers d'Etat en service extraordinaire. Enfin, la vie extérieure elle-même, dans tous ses mouvements, désigne des compétences dont le Conseil d'Etat aurait le plus pressant besoin pour remplir sa tâche. Beaucoup d'hommes occupent des situations qui attestent leurs connaissances spéciales et qui devraient faire de ces hommes, ou tout au moins de celui d'entre eux qu'ils délégueraient, tant qu'il occuperait la situation à raison de laquelle il aurait été délégué, les collaborateurs ordinaires et réguliers du Conseil d'Etat. Si l'on crée d'une façon permanente le Conseil supérieur du travail national et si l'on amorce ainsi cette première Chambre professionnelle dont nous comprenons tous la nécessité, la collaboration s'établira d'elle-même et revivifiera le Conseil d'Etat.

Les Conseils administratifs regionaux

Dans cette organisation rationnelle de la présidence du Conseil, sans portefeuille, une vingtaine de comités régionaux remplaceraient très utilement les Conseils de préfecture actuels.

Assurément, ce n'est pas là une grande réforme, ni bien neuve ; depuis plus de cent ans, on réclame la suppression des Conseils de préfecture ; dès le début de la Restauration, la question fut mise à l'ordre du jour : elle y est demeurée. Depuis le commencement de la troisième République, pas de législature où quelque proposition n'ait été faite à ce sujet et souvent par le gouvernement. En 1887, M. Fallières, alors ministre de l'Intérieur, a proposé la suppression des Conseils de préfecture et l'institution de vingt-deux Conseils régionaux. En 1896, M. Barthou, à son tour ministre de l'Intérieur, a repris le projet de M. Fallières et réduit à dix-huit le nombre des Conseils régionaux. Ces projets de loi déposés par des ministres de l'Intérieur, dont l'un est devenu depuis président de la République n'ont eu aucun résultat : exemple significatif, entre beaucoup d'autres, de l'impuissance parlementaire à résoudre la moindre réforme. Depuis 1875, personne ne défend les Conseils de préfecture : les ministres de l'Intérieur en demandent solennellement la suppression ; plus de trente ans après, pas un seul Conseil de préfecture n'a été supprimé ! Le parlement en est encore à tourner et à retourner en tous sens cette modeste question sur laquelle tout le monde est d'accord depuis si longtemps.

Continuons donc à demander le remplacement des inutiles Conseils de préfecture par une vingtaine de Conseils régionaux, rattachés au Conseil d'Etat, recrutés de la même façon, placés comme lui sous l'autorité immédiate du président du Conseil, ayant à la fois des attributions de juridiction, d'administration et de réglementation ; complétés, pour les attributions de réglementation et d'administration, par des compétences extérieures prises dans la région ; sortes de Conseils d'Etat régionaux, formant le centre et le point d'appui de la future organisation régionale qui, si elle est combinée avec une forte organisation des services publics, peut être une source de fécondité pour la vie de la France.

Le Président de la République. — Importance de son rôle et de ses attributions. — Pourquoi il doit être élu par le Parlement

« Et si vous constituez aussi fortement une pareille présidence du Conseil, que deviendrai-je, moi ? » demanda jadis un président de la République qui feuilletait une étude fort semblable à celle-ci.

Vous resterez, Monsieur le président de la République, ce que vous êtes, ce que vous devez être pour la République : dans la perpétuelle mouvance de la force politique, le point d'appui, le centre. La force politique chez nous gravite autour de la présidence de la République ; à certaines heures la présidence de la République est la seule et nécessaire expression de cette force. Dix fois déjà, depuis cinquante ans, sénateurs et députés, réunis exceptionnellement en congrès à Versailles, réveillé pour un jour, ont élu, dans le palais des rois, le président de la République, au scrutin secret, sans qu'aucune disposition de nos lois interdise d'ailleurs le scrutin public, à la majorité absolue s'il s'agit d'un premier tour de scrutin, à la majorité relative s'il s'agit d'un autre tour de scrutin. Parfois, dans de graves circonstances, l'élection s'est faite ainsi sans aucun trouble, avec promptitude et liberté ; l'opinion l'a bientôt ratifiée et l'expérience l'a généralement justifiée ; quelles que soient les théories, le résultat est digne d'attention.

Et cependant encore ici, dans cette organisation politique l'empirisme a dominé : jusque pour la durée, aucune raison satisfaisante de la solution adoptée. Pourquoi le président de la République est-il nommé pour sept ans ? Le président d'autres grandes Républiques est nommé pour quatre ans ou pour un an ; chez nous, les députés sont nommés pour quatre ans, les sénateurs pour neuf, d'autres élus pour six. Le septennat illustré dans la Bible, par les jours de la création, les plaies d'Egypte et les longues fiançailles du résigné Jacob, n'appartient qu'au président de la République, en vertu d'une transaction imaginée par M. de Mac-Mahon. Lorsqu'au mois de novembre 1873, il apparut que la restauration de la monarchie allait se heurter moins encore à la volonté ou à la providentielle maladresse des hommes qu'à la force des choses, la majorité réactionnaire de l'Assemblée nationale jugea nécessaire de donner à Mac-Mahon des pouvoirs moins provisoires ; elle avait refusé trois ans à Thiers ; Changarnier demanda dix ans pour le nouveau président ; la Commission en consentait cinq ; ce fut le maréchal lui-même qui dans son message indiqua sept ans : « Après y avoir bien réfléchi, j'ai cru que le délai de sept ans répondait suffisamment aux exigences de l'intérêt général et serait plus en rapport avec les forces que je puis consacrer à mon pays. » Les sept ans furent votés et il parut obligatoire de les maintenir en 1875, puisque Mac-Mahon était encore là. Le septennat transactionnel imaginé par l'intéressé est depuis longtemps consacré par la prescription ; les traités de droit constitutionnel le justifient par les meilleures raisons et tous les Français admettent qu'un président de la République doit être nommé pour sept ans. En fait, ces sept ans à cheval sur les élections législatives et sénatoriales, ces sept ans, pendant lesquels on peut constituer une demi-douzaine de ministères, correspondent assez bien à l'aménagement rationnel du pouvoir politique dans une République. Pendant ces sept ans, l'élu du congrès est en dehors et au-dessus des partis ; il reste le symbole et l'appui de la force politique, de la force du nombre et, quoi qu'on dise souvent, il dispose de pouvoirs très étendus.

Non pas assurément en matière législative.

D'après la Constitution de 1875, le président de la République promulgue les lois ; il convoque les Chambres, il peut les ajourner, leur adresser des messages, exiger une deuxième délibération, dissoudre la Chambre avec l'assentiment du Sénat. Ces attributions tiennent de la place dans la Constitution et prêtent à discussion dans les traités spéciaux : elles ont été jusqu'ici plus théoriques que pratiques. Le président ne peut refuser de promulguer les lois. Aux termes mêmes de la Constitution, les Chambres sont réunies obligatoirement, au moins cinq mois, chaque année ; elles peuvent siéger en session extraordinaire sur la demande de la majorité ; en fait, le système parlementaire impose une demi-permanence et les Chambres n'ont que des vacances.

Le message présidentiel convient aux épithalames et aux testaments de la politique ; c'est de la littérature souvent excellente : ce n'est que de la littérature.

Quelle que soit l'autorité d'un homme, la demande d'une seconde délibération serait un vain geste ; cette mise à la retenue ferait revoter, par acclamation, les lois les plus discutées. Le président pourrait-il chercher, dans cette seconde délibération, un moyen légal d'obstruction, par exemple, la possibilité de retarder une loi qu'il n'approuve pas ? Ce croc-en-jambe, qui ne réussirait pas sans doute, serait peu conforme à l'esprit de la République.

Quant au droit de dissolution, l'unique expérience que nous en avons faite, depuis cinquante ans, n'a laissé de bons souvenirs à personne, ni à ceux qui l'avaient provoquée, ni à ceux qui devaient en être les victimes.

Tous ces droits législatifs réservés par la Constitution de 1875 au président de la République tendaient à le mettre en opposition avec la force politique et les élus, mandataires du nombre : c'était un nonsens pour une démocratie. Ces droits ne sont pas exercés, parce qu'ils ne peuvent pas s'exercer sans commencer à sortir de la République.

Comment un républicain admettrait-il que le président de la République, avec la complicité d'un président du Conseil, vexé d'échecs à la Chambre et de la majorité des élus du suffrage restreint, puisse brimer l'ensemble des élus du suffrage universel ? C'est du pouvoir personnel, ce pouvoir personnel qui nous a fait, à nous et à travers nous aux autres, tant de mal ; ce n'est plus la République.

Enfin le président de la République signe les règlements d'administration publique.

Ces règlements sont élaborés par l'administration, en vertu d'une procédure qui fait intervenir tous les éléments de l'administration et tous les corps de métiers. Préparés par les administrateurs, approuvés et signés par les ministres, revisés par le Conseil d'Etat, discutés par les représentants des ministres en sections et en assemblée générale du Conseil d'Etat, signés à nouveau et même revisés encore par le ministre, ils sont, après ce travail, considérés sinon comme parfaits, du moins comme définitifs. On ne voit pas comment le président pourrait insérer son action utilement dans la circonstance. Il ne pourrait, de sa propre autorité, corriger ce règlement : il n'est pas outillé d'ailleurs pour cela ; il ne pourrait le faire qu'avec l'assentiment du ministre, lequel devrait le plus souvent remettre en mouvement toute la procédure. Ici, en cette matière des règlements, annexes et prolongement de la loi, répartition si curieuse du pouvoir législatif entre les législateurs et les administrateurs en dépit des théories, la signature du président n'est, et ne peut être qu'un paraphe.

Mais ses autres attributions ont beaucoup plus d'importance.

Le président de la République nomme à tous les emplois civils et militaires.

Il négocie et ratifie tous les traités.

Il dispose de la force armée.

Il préside le Conseil des ministres et représente la France dans l'intérieur du pays et à l'étranger.

Il a le droit de grâce.

Il nomme à tous les emplois civils et militaires : prenons d'abord cette affirmation de la Constitution ; tout de suite, nous apercevons qu'elle est trop absolue. En fait les lois ou les règlements ont prévu un autre mode de nomination pour tous les fonctionnaires inférieurs. Ils sont nommés par les ministres, par les préfets, quelquefois par les directeurs de certains services. Nous demandons qu'ils soient toujours et partout nommés par ces directeurs, sans aucune intervention politique ; c'est la plus sûre garantie que nous puissions donner à la fois au service public et aux fonctionnaires. Combien de fois ai-je entendu des sénateurs ou des députés dire : « Je n'admettrais pas qu'un juge de paix, un conducteur des Ponts et Chaussées, un commissaire de police soit nommé dans ma circonscription sans que j'en sois averti. » Voilà ce dont nous ne voulons plus : nous n'avons que trop vu ce que cela donnait pour la bonne gestion du service public. Mais tous les fonctionnaires supérieurs sont nommés par décret du président de la République. En cette matière, comme en toute autre, il n'agit qu'avec le contreseing d'un ministre. Ne nous trompons pas sur le mot « contresigner ». Il semble indiquer que le ministre ne fait qu'authentiquer et que le président a l'initiative ; ce serait le sens grammatical du mot : contresigner « signer un acte en vertu des fonctions qu'on exerce, après que celui dont cet acte émane y a lui-même apposé sa signature ». Ici toute l'initiative est au ministre, le contrôle seul au président ; encore paraît-il, en fait, n'exercer guère ce contrôle. Les décrets de nomination soumis au président portent toujours d'abord la signature d'un ministre et sont présentés par lui. Dire que le président nomme est donc inexact ; il pourrait refuser de nommer ou de révoquer, car tout ce qu'on dit de la nomination s'applique à la révocation, voilà la vérité. En fait, presque toutes les nominations importantes sont examinées en Conseil des ministres et le ministre, qui soumet à la signature du président un décret nommant un fonctionnaire supérieur, demande au président de sanctionner le résultat explicite ou implicite d'une délibération du Conseil des ministres. Il doit en être ainsi dans une démocratie et nous ne voyons pas qu'il puisse en être autrement. J'ai longuement expliqué le soin que nous devions prendre pour former les états-majors des services publics, que c'était là, pour la démocratie, une chose essentielle à laquelle la nôtre ne paraissait avoir jusqu'ici porté aucune attention ; j'ai dit et redit, depuis vingt-cinq ans, que chaque service public devait être organisé pour produire normalement ses chefs ; que ces chefs de service représentent le service public vis-à-vis du ministre et non le ministre vis-à-vis du service public ; qu'ils doivent être des administrateurs effectifs et responsables du service public devant le ministre, le parlement et la nation ; qu'ils doivent être investis de très larges pouvoirs de nomination et de décision : raison de plus pour réserver cette investiture à ceux qui nous représentent. Nous devons tout organiser pour mettre, en quelque sorte, sous la main de nos élus, à l'heure nécessaire, les chefs de service qu'il nous faut. Encore est-il que, seuls, nos élus peuvent, en notre nom, dire si le système a bien fonctionné et si c'est bien l'homme dévoué, honorable et compétent, nécessaire pour la bonne gestion du service public qui se trouve porté à la première place par l'organisation rationnelle de l'état major du service : de nous seuls, il peut tenir ainsi la confirmation de sa vocation, son investiture et son autorité. Et c'est assurément le ministre, dans les attributions duquel est placé le service public, qui est qualifié pour apprécier, en notre nom, les titres et les mérites de celui qui va diriger le service public. Il le désigne librement au choix du président de la République ; mais rien, ni constitutionnellement, ni pratiquement n'oblige le président à signer cette nomination sans examen et sans discussion. « Alors, disent les ministres, ce n'est plus nous qui nommerons les fonctionnaires supérieurs ? » Où voit-on dans la Constitution que les ministres nomment à tous les emplois : la Constitution dit exactement le contraire ; nous la modifions déjà, conformément à l'esprit de la République, en réduisant l'intervention du président à un simple contrôle ; en réalité, cette combinaison d'une proposition faite par le ministre et d'une sanction réfléchie donnée à l'initiative du ministre par le président de la République serait profitable à la bonne organisation des services publics. Pour la nomination et la révocation des quatre-vingts principaux chefs des services civils, cette intervention active du président de la République aurait la plus grande utilité.

Représentant, au-dessus et au delà des ministères éphémères, la force politique qui doit dominer la force administrative, le président de la République assurerait dans ces nominations, comme dans les révocations, les garanties que nous sommes en droit d'exiger. Actuellement, sans qu'aucune raison valable puisse être donnée, le président de la République n'exerce pas les pouvoirs que la Constitution lui attribue en ce qui concerne la nomination des fonctionnaires, même en réduisant ces pouvoirs, par application des principes du régime parlementaire.

Il est toutefois une catégorie de fonctionnaires, les premiers après lui, pour la nomination desquels le président intervient, dès maintenant, directement et effectivement : ce sont les ministres.

La Constitution ne lui a pas confié expressément le pouvoir de nommer les ministres ; il ne les nomme qu'en vertu de son droit général de nomination de tous les fonctionnaires ; mais, à l'inverse de ce qui se passe pour tous les autres fonctionnaires, son initiative s'exerce ici dans une mesure beaucoup plus large qu'on ne le croit généralement.

La Chambre vient de renverser un ministère. Quand même l'indication aurait été nette en ce qui concerne la politique à suivre (et qui oserait prétendre que ce soit généralement le cas chez nous), jamais l'indication n'est nette en ce qui concerne les gens par qui la majorité des députés désire voir appliquer cette politique ; elle ne peut pas l'être : il y a trop de candidats. « Pourquoi par moi » pensent la plupart de ceux qui ont renversé les ministres. Après les consultations d'usage, entre tant d'avis divergents, le président garde, en fait, comme en droit, une très grande latitude de choix ; plus d'une fois, il a mis tous les conseilleurs d'accords en désignant un candidat auquel ils ne songeaient guère. Est-ce une critique de notre régime politique ? Aucunement : cette désignation du nouveau président du Conseil par le président de la République, incarnation de la force politique, élu des élus du nombre, placé par son élection au-dessus des partis pour sept ans, arbitre de ces partis, est très sage ; on ne voit pas, dans notre démocratie française par quel autre que le président de la République cette désignation du nouveau chef du gouvernement pourrait être faite utilement. Cette désignation et la ratification qui suit, par la confiance du parlement exprimée explicitement ou implicitement, nous donnent des garanties. Après avoir ainsi, par son libre arbitre, désigné le personnage chargé de former le nouveau ministère, le président de la République, assurément, s'efface ; l'autre entre en scène et court la ville en quête de collaborateurs. Qui ne sait que le président influe encore très souvent sur le choix de ceux-ci ? Lorsqu'il a fait appeler le futur chef du nouveau cabinet, un premier échange de vues a eu lieu sur les quatre ou cinq personnages qui pourront être les pivots de la combinaison. A cet instant où le sentiment des responsabilités se mêle à l'orgueil d'une désignation flatteuse, le nouveau président du Conseil accepte volontiers les avis et même sollicite les conseils de l'homme qui l'appelle à gouverner la France. Lorsqu'il s'est entendu avec ces quatre ou cinq personnages, les journaux mentionnent qu'il va rendre compte de ses négociations au président de la République et accepter définitivement la mission que celui-ci lui a confiée. Les titulaires de la moitié des portefeuilles sont encore à désigner : les publicistes appellent cette seconde fournée les bouche-trous et prétendent qu'on consulte parfois l'annuaire. Ami de l'Elysée n'est pas alors un titre sans conséquence ; une indication ou une objection du président de la République peuvent déterminer les choix et par conséquent la politique du nouveau ministère dans des matières fort importantes. Les bouche-trous forment parfois la majorité, dans le ministère : les affaires qu'ils dirigent sont quelquefois celles qui ont les répercussions les plus vives sur nous. Ainsi, avant de signer la nomination des nouveaux ministres, le président a désigné, dans la plénitude de sa liberté constitutionnelle, le premier ministre de qui tous les autres dépendent et participé souvent, très efficacement, à la désignation de ceux-ci. Sans doute, il ne peut le faire que dans le sens général indiqué par le parlement et avec la perspective de voir les nouveaux ministres promptement jetés par terre, s'il tournait le dos à cette orientation. Mais, après tout, il recommencera son choix ; jamais ce choix ne sera assez limité pour qu'on puisse dire qu'il lui est imposé. N'eût-il à choisir qu'entre deux personnages totalement différents d'origine, de talent, de tendances, de caractère, de moralité, que sa responsabilité serait déjà très lourde. Or c'est entre beaucoup de personnages, dont chacun a des qualités et des défauts, qu'il peut choisir discrétionnairement ; il les connaît particulièrement, il a vécu avec eux, ils sont ses pairs et de la même origine que lui. Rien ne peut l'obliger à prendre un homme qu'il sait léger, taré ou sans culture véritable. Il peut, s'il le veut, écarter indéfiniment du ministère ceux dont l'ambition ne lui paraît justifiée ni par le mérite, ni par l'honnêteté. En sens inverse, il peut appeler, il a appelé des gens presque inconnus, ou d'autres dont la nomination a été accueillie avec étonnement.

Il serait donc tout à fait inexact de considérer le président de la République comme l'enregistreur automatique des velléités ou des rancunes de la Chambres des députés. Nous n'avons pas deux grands partis organisés, se disputant alternativement le pouvoir et installant dans les places du gouvernement des cadres fixés à l'avance : nous avons une poussière de groupes entre lesquels se répartissent et dont se servent les ambitions individuelles. Du centre gauche à l'extrême gauche, nous ne discernons que des nuances variables d'individu à individu et souvent, dans le même individu, suivant les reflets de l'heure.

Dans cet état politique, l'homme que le président de la République nomme premier ministre, il le choisit bien et il le choisit, non pas malgré la solennité de toutes les proclamations qui se ressemblent, jusqu'à nous donner la nausée, pour exécuter un plan déterminé, mais pour gouverner la France, avec tout ce que cette tâche glorieuse comporte de puissance, de prestige, d'entraînements et de transformations dans les idées. Combien de fois avons-nous vu des hommes qui se croyaient désignés pour exécuter un certain programme, l'abandonner presque immédiatement et pousser le pays vers des réformes auxquelles il ne songeait pas, tandis que d'autres, tournant le dos à leurs anciens compagnons, cherchaient leur majorité dans la coalition de leurs anciens adversaires !

Dans ce mouvant milieu, rien n'est stable que les qualités d'intelligence, d'énergie, de droiture : c'est la principale chose intéressante pour nous. A l'heure où il désigne le président du Conseil, le président de la République incarne et fixe la volonté incertaine et flottante du nombre; il choisit, au nom de la nation, celui qu'il juge le plus digne de gouverner; il résume et réalise la force politique.

En ce grave instant il est vraiment le maître de notre destin ; il peut l'être ainsi de la paix ou de la guerre; nous ne voyons pas, dans notre République, qu'un autre que lui puisse remplir ce rôle, et assumer cette redoutable responsabilité.

« Le président de la République dispose de la force armée. » Cela veut dire que, en temps de paix, comme en temps de guerre, il pourrait lui donner des ordres et même au besoin la commander.

La Constitution de 1848 stipulait que le président de la République ne pourrait jamais commander l'armée. Cette réserve figurait explicitement dans les projets de constitution de 1875 : sur la demande expresse du maréchal de Mac-Mahon, elle fut supprimée et remplacée par la disposition actuelle. Il n'est donc pas douteux qu'en temps de paix, comme en temps de guerre, le président de la République a le droit strict de donner directement des ordres aux troupes et qu'il pourrait même, en temps de guerre, prendre le commandement général des armées.

Sur ce point, comme sur d'autres, la Constitution de 1875, qui avait été rédigée par des monarchistes et pour un maréchal, s'est adaptée à la République. Nous ne désirons pas que le président de la République monte à cheval et prenne effectivement le commandemant des armées ; mais nous trouvons conforme à l'esprit de la République qu'il préside régulièrement le Conseil supérieur de l'armée. Nous croyons qu'il tient particulièrement de la Constitution l'obligation, envers nous, de suivre de très près l'organisation de l'armée et la désignation des chefs responsables de la vie de nos enfants, d'étudier les plans de campagne et puisqu'il incarne la force politique du nombre, d'être présent, à l'heure du destin, où ce nombre doit verser son sang à flots pour le salut de la patrie.

Nous avons le droit de le tenir pour personnellement et gravement responsable, s'il a laissé choisir des chefs incapables ; désorganiser le système de défense sur la frontière du Nord, alors que tous les documents officieux ou officiels annonçaient l'invasion par le Nord ; adopter des plans de campagne absurdes ; partir les soldats sans armements suffisants ; prodiguer, dans des offensives vouées d'avance à l'insuccès, le sang le plus pur et le plus précieux et s'il s'est réfugié à Bordeaux, au moment où sa présence, au centre de la bataille, pouvait permettre d'affirmer et d'exploiter la victoire qui sauvait la France : était-ce cela disposer de la force armée ?

« Le président négocie et ratifie tous les traités ; il en donne connaissance aux Chambres aussitôt que la sûreté de l'Etat et l'intérêt public le permettent. »

Les traités de paix, de commerce, les traités qui engagent les finances de l'Etat, ceux qui sont relatifs à l'état des personnes et au droit de propriété des Français à l'étranger ne sont définitifs qu'après avoir été votés par les deux Chambres. Nulle cession, nul échange, nulle adjonction de territoire ne peuvent avoir lieu qu'en vertu d'une loi.

A peu près tous les traités qui concernent les intérêts matériels de la nation sont prévus par cette énumération ; mais non ceux qui touchent à son existence même, et qui visent, par exemple, ses alliances offensives ou défensives. Ces traités, les plus graves de tous, le président assisté du ministre des Affaires étrangères peut, aux termes de la Constitution, les passer seul et il n'est invité par la Constitution à en donner connaissance au parlement que « lorsque la sûreté de l'Etat et l'intérêt public le permettent », circonstances dont il reste seul juge.

Le président de la République peut donc mener personnellement et secrètement, s'il est d'accord avec le ministre des Affaires étrangères, une politique qui engage définitivement le pays. Il peut signer un traité d'alliance qui conduit à la guerre, sans que le parlement, ni aucune Commission du parlement en aient été avisés ; sans même que les autres ministres s'en soient douté. La nation, si l'éventualité se réalise, n'aura d'autre ressource que de marcher ou de renier sa signature ; car, d'après la Constitution, c'est au nom de la France entière que le président de la République et son ministre ont signé ; la nation, avec laquelle ils ont traité, a le droit absolu de compter sur toute la France. De même, au cours de la guerre, le président de la République, saisi de propositions de paix par un des belligérants, peut les écarter et les taire.

Cette partie de la Constitution, c'est de la monarchie absolue ou de l'Empire ; ce n'est certainement pas de la République.

Le président de la République a chez nous le droit de grâce. Il peut, sur la proposition du ministre de la Justice, anéantir les punitions prononcées par toutes les juridictions criminelles. Nous ne sommes jamais assurés que les individus condamnés le plus légitimement du monde feront leur peine ou la feront dans les conditions prévues par la condamnation ; tout dépend de la volonté du président et des fonctionnaires qui l'aident dans cette mission.

Ce pouvoir est absolu. Le président peut, non seulement, commuer la peine prononcée par les juges, en une peine moins grave : il pourrait dispenser de toute peine le plus grand des coquins.

Ce droit de grâce, jadis consécration de la puissance absolue du monarque supérieur à tout, même aux lois et à la justice, s'accorde mal avec notre régime démocratique et ne subsiste que par nos préjugés historiques. Quoi que soutiennent certains auteurs, il n'a aucune utilité et présente au contraire de graves inconvénients. Il atténue la responsabilité des juges et les accoutume à penser qu'un recours existe contre leurs décisions imprudentes. Quoi de plus contraire à la notion même d'un tribunal, que ces juges qui, après avoir condamné, signent un recours en grâce ? C'est un spectacle que nous donnent souvent les Cours d'assises et leurs jurys.

Enfin le président de la République préside le Conseil des ministres.

Aucun texte ne réglemente ces Conseils et nous ne savons même pas, si le président de la République doit ou ne doit pas les présider tous.

En fait, les Conseils de ministres ont lieu ordinairement trois fois par semaine ; deux de ces Conseils sont généralement tenus à l'Elysée et présidés par le président de la République ; le troisième, appelé Conseil de cabinet, se tient chez le président du Conseil. L'absence complète de réglementation pour le Conseil des ministres pourrait permettre à un président de Conseil d'espacer ces réunions et de faire du Conseil à l'Elysée l'exception : or, nous nous rendons fort bien compte que la tenue régulière de ces Conseils sous la présidence du président de la République est pour nous une garantie. Tous les Conseils de ministres devraient être tenus obligatoirement à l'Elysée, sous la présidence du président de la République : tous devraient bénéficier de son expérience et de son autorité. Nommé pour sept ans, sorti du parlement, il voit les choses au delà des ministres en fonction : à travers les mouvements de l'heure, il joint hier à demain. Si l'on estime que des archives de ces Conseils doivent exister, c'est à l'Elysée qu'elles doivent être tenues et classées.

Nous ne croyons donc pas les gazettes quand elles racontent que notre président de la République n'est qu'un personnage de représentations et une sorte de prisonnier de l'Elysée.

La Constitution de 1875 lui a donné des pouvoirs très étendus, supérieurs à ceux des rois de plusieurs grandes puissances et, pour une partie, celle notamment qui concerne les traités secrets, inadmissibles dans une République.

Ceux qui réclament l'extension de ces pouvoirs n'ont pas bien lu la Constitution de 1875 ou regrettent celle de l'an VIII.

Notre président de la République a des pouvoirs qui pourraient facilement devenir redoutables ; légalement, il garde des traits de roi et d'empereur et ce n'est pas par une vaine coïncidence qu'il est nommé dans le palais des rois et, dès le début, entouré d'un appareil militaire.

Heureusement la sagesse du parlement et le patriotisme républicain de ses élus ont orienté de plus en plus la fonction vers ce qu'elle doit être dans une démocratie : une présidence placée au-dessus de tous les partis, une garantie pour la République et les citoyens.

A la question que posait jadis un président de la République : « Que deviendrai-je si vous organisez une forte présidence de Conseil sans portefeuille ? » voici notre réponse : vous serez, vous qui durez sept ans et qui avez été élu par tout le parlement, le Conseil permanent, l'appui et, s'il est nécessaire, le contrôleur et le censeur discret, mais non impuissant du gouvernement des présidents du Conseil. Les pouvoirs que vous tenez de la Constitution, tels qu'ils ont été aménagés par le développement de la République, vous donnent ce rôle ; aucun de nous ne vous demande d'y renoncer, puisque la République et nous tous y trouvons des garanties. Nous rions lorsque les gens lèvent les bras au ciel parce qu'au milieu de tous les discours des autres, vous en avez placé un dans lequel vous expliquez votre opinion sur les affaires publiques. Nous ne croyons pas que votre rôle constitutionnel soit un rôle de greffier muet, doté d'appointements fabuleux. Et nous trouvons fort utile vos avertissements publics sur la ligne politique que vous jugez la meilleure. Si elle ne coïncide pas avec celle du président du Conseil, nous en ferons notre affaire et tirerons les conséquences. Dans une démocratie, c'est par cette publicité des opinions autorisées que se prépare et se forme l'opinion de la nation.

Nous trouverions bien que vous soyez un point d'appui pour les chefs des services administratifs, dans les mouvements de la politique. Mais nous croyons dangereux de vous laisser des pouvoirs secrets et redoutables qui viennent de la monarchie et de l'Empire.

La conception que nous avons du rôle du président de la République explique pourquoi nous ne comprenons pas qu'il puisse être pris ailleurs que dans le parlement.

Puisqu'il incarne, aux heures parfois les plus graves, la force politique, la force du nombre, comment irions-nous le chercher ailleurs que parmi les élus du nombre ? Ce serait créer deux représentations de la force du nombre et les mettre immédiatement en conflit.

Par qui doit-il être choisi ? Uniquement par les élus du nombre, par ceux qui expriment la force politique. Toute demande d'extension du collège électoral pour l'élection du président de la République, tout système plus ou moins plébiscitaire, auront toujours un même but : la restauration d'un pouvoir personnel pouvant au besoin lutter contre la force politique et la dominer. Ce n'est plus une République démocratique, c'est déjà le Consulat et demain l'Empire.

Le président de la République n'a de raisons d'être, dans notre démocratie, que s'il représente nettement, d'une façon permanente, à travers les mouvements de la politique, la force des élus du nombre, la force politique de la république française ; rien, dans son élection, ne doit atténuer ce caractère ; il doit rester, de la façon la plus certaine, l'élu des élus du nombre ; ceux-ci seuls, ont à assumer, vis-à-vis de la nation française, la responsabilité de ce choix qui peut engager son destin ; toute extension du collège électoral est un non-sens et un danger pour la République.

CONCLUSION

Voilà notre République.

Parce qu'elle était déjà la République, elle nous a valu le secours des autres peuples, qui nous a sauvés.

Parce qu'elle n'était pas encore assez la République, nous nous sommes débattus, pendant cinquante ans, contre toutes les forces du passé ; nous avons piétiné dans ces luttes ; les Allemands ont cru que nous étions un peuple en décadence.

Parce qu'elle n'est pas encore assez la République, nous gâchons la paix, la grande paix des peuples pour laquelle nos fils sont morts.

Toute notre histoire nous ayant appris où la souveraineté des rois et des empereurs peut mener les hommes, nous avons renversé le roi et l'empereur ; mais nous avons voulu faire sortir encore la souveraineté des urnes électorales ; nous avons cru que ces urnes distillaient, à leur tour, du saint chrème.

Un ministre s'irrite sincèrement quand il s'aperçoit qu'on doute qu'il doive être pendant douze mois un douzième d'empereur. Hier il n'était rien qu'un homme menant parfois fort mal ses affaires privées ; le suffrage vient de l'oindre : c'est la majesté du peuple souverain qui se lève ; à son tour, comme un empereur, il croit qu'il a le droit de jouer avec la boîte de Pandore. Par une superstition d'ancien régime, nous concentrons dans le personnage toute la puissance de la République : Dieu et mon roi ; la République et le ministre. Demain, notre grand homme sera aux petites maisons ; nous supputerons alors l'époque à laquelle il faut faire remonter cette faillite intellectuelle et nous compterons avec épouvante toutes les décisions que l'homme a prises quand son cerveau était déjà pourri.

Un ministre n'est pas la figure, l'abrégé de la République ; tout son ministère ne doit pas travailler pour lui, pour l'instruire, le documenter, l'armer dans le sens qu'il veut, pour les besognes qu'il médite ou improvise. Il vaut ce qu'il vaut par lui-même, pour le rôle capital de contrôle que nous lui donnons ; mais nous tournons ce rôle contre nous, si nous faisons du ministre un douzième ou un quatorzième d'empereur. Nous us qui avons vu de très près comment une démocratie peut être ainsi gouvernée nous savons avec quelle légèreté, les hommes les plus intelligents et les mieux intentionnés sont conduits à prendre les décisions les plus graves.

On dit que c'est la fatalité de tout pouvoir, que c'est après tout l'objet de la République : remettre le sort du peuple aux élus du peuple. Pas de cette façon et dans ces conditions; nous avons trop vu comment cela se passait, l'infirmité du pauvre esprit humain et la prodigieuse présomption avec laquelle il assume des tâches formidables. Ce n'est pas seulement le pouvoir personnel des rois et des empereurs qui a sombré dans la guerre; c'est aussi celui que les élus du peuples imaginent tirer du suffrage du nombre. Pour la paix, pour la paix intérieure, comme pour la paix extérieure, nous devons détruire jusqu'aux derniers vestiges du pouvoir politique personnel : ce n'est pas parce que les gens n'avaient pas assez de pouvoir, c'est parce qu'ils en avaient trop, chez nous comme chez les autres, que nous avons tant souffert.

Nous sommes encore dominés par la superstition du surhomme, Nous les connaissons pourtant ceux qui à travers les mouvements de la politique parviennent au gouvernement de la France; nous connaissons leurs erreurs publiques et privées ; ils ne cherchent pas à les cacher; ils les portent jusque dans les prétoires; parce qu'ils ont la hardiesse et la ténacité, nous croyons qu'investis de notre délégation, ils vont franchir le Rubicon des misères humaines; au delà, sera-ce donc l'apaisement des passions, la sérénité philosophique, le pigeon symbolique qui se posera sur les têtes, le saint Esprit laïc et démocratique, la confirmation des apôtres? Hélas! au dela, c'est toujours l'âpre lutte pour la conquête du pouvoir; au delà, ce sont toujours des joueurs ardents; nous les maîtres de tout et de tous, nous jetons notre vie et celle de nos fils entre leurs doigts, comme si ces joueurs étaient encore des rois et des empereurs. Quelques hommes ont plongé l'Europe dans le sang; d'autres n'ont su ni prévenir, ni arrêter la guerre : quelques hommes russes ont détruit la Russie!

La machine gouvernementale des pays d'Europe a broyé des millions d'hommes dans un affreux massacre ; si nous la conservons, à peu près telle quelle, nous mériterons de nouveaux malheurs.

On nous propose de substituer aux pouvoirs et aux traités des rois, la puissance et les tractations de capitaines d'industrie ; serons-nous plus sûrs de demain ? Toute abdication d'un homme entre les mains d'un autre homme avilit le premier et conduit le second à la folie : « Je n'ai jamais pu admettre, disait Rumboldt en mourant, que la providence ait envoyé dans le monde une poignée d'hommes tout bottés et éperonnés en face de millions d'autres êtres, le mors dans la bouche, et la selle sur le dos. » Nous n'avons que faire des surhommes qui prétendent conduire la masse à des destins qu'eux seuls aperçoivent, l'essoufflent, la sèment sur les champs de bataille ; ils se croient les héros du destin, eux-mêmes n'en sont que les jouets. Ils invoquent maintenant, pour justifier leurs rêves, la souveraineté du peuple et la souveraineté nationale. Souveraineté du peuple, souveraineté nationale, au musée des fictions périmées ! La République, ce n'est pas tous les hommes d'une nation, mis à la disposition de quelques-uns, pour le triomphe d'un nouvel Evangile, à travers de nouveaux martyrs et de nouvelles persécutions : c'est plus modestement et plus surement, à la disposition de chaque homme, pour lui permettre de conquérir le bonheur, un ensemble de services de jour en jour plus perfectionnés. Tous les gouvernements n'ont qu'un seul objet : procurer, dans toute la mesure possible, à chacun, la douceur de vivre; sans cela ils ressemblent tous, plus ou moins, aux gens de l'Inquisition qui brûlaient les infidèles pour les mettre en paradis.

Plus de souveraineté ; plus de pouvoirs ; seulement des fonctions qui doivent être combinées, sur toute la surface de la terre, de patrie à patrie et non plus seulement dans l'intérieur d'une même patrie, pour procurer à chaque homme la réalisation de sa destinée.

Désarticulons, morcelons le pouvoir personnel : qu'à aucun moment, aucun ne puisse prétendre, au nom des intérêts supérieurs dont il aurait seul la vision et la charge, sous prétexte de subordonner l'individu à la collectivité, mener nos fils à l'abattoir.

Il n'y aura donc plus d'autorité dans vos Républiques ! Il y aura toute l'autorité nécessaire pour la bonne gestion des services publics, l'autorité reconnue, obéie, mais fractionnée, consentie en vue d'un objet déterminé, constamment contrôlée et mesurée aux limites des forces humaines. Les Républiques ne veulent plus de maîtres ; elles ont appris où mènent les maîtres et qu'il n'est aucune raison divine ou humaine de soumettre un homme à un autre homme ; elles doivent accepter des chefs. Ces chefs permanents et sûrs, elles savent maintenant qu'elles ne peuvent pas les attendre de l'élection : jamais l'élection ne leur donnera cette élite ; cela ne veut pas dire que des hommes d'élite ne peuvent pas sortir de l'élection ; nous voyons tous les jours le contraire ; cela veut dire simplement que l'élection ne peut pas fournir et ne fournira jamais les chefs naturels et utiles des services publics. Jacques Bonhomme ne donne pas la compétence à son médecin, à son couvreur, à son notaire par une élection ; comment par une élection, la donnerait-il pour la chose la plus compliquée qui soit au monde : la gestion des affaires d'une grande nation. Il croit que, dans une République, la politique doit être menée exclusivement et souverainement par des politiciens : voilà son erreur. La politique intérieure et extérieure, celle de tous les services publics doit être contrôlée souverainement par les politiciens qui représentent l'ensemble de la nation. Mais elle doit être élaborée et dirigée sous le contrôle constant des politiciens, élus du nombre, par une élite permanente, qui, seule, en toute matière, peut, après avoir acquis et prouvé sa compétence, suivre avec un désintéressement et un dévouement absolus, les longs desseins nécessaires à la bonne exécution et au progrès des services publics, instruments de notre vie individuelle.

A l'élite, l'action; au nombre le contrôle. Ce contrôle est indispensable; il peut être le salut; nous l'avons bien vu pendant la guerre; sans le contrôle du Parlement, la France aurait été perdue. Parce que ce contrôle n'avait pas été exercé suffisamment avant la guerre, d'horribles sacrifices ont été imposés. Le contrôle et la publicité qui l'entoure, même quand elle nous paraît exagérée, c'est le salut pour nous et les autres peuples, mais à une condition : c'est que jamais le contrôle ne mange l'action. Richelieu, dans ses mémoires, se plaint avec amertume d'avoir été obligé de rendre des comptes à un esprit médiocre. Richelieu est injuste : le contrôle de Louis XIII ne lui fut pas inutile ; mais nous croyons volontiers que les affaires de la France auraient été moins bien menées si elles l'avaient été directement par Louis XIII.

En distinguant soigneusement le contrôle de l'action, nous fonderons définitivement la République ; nous donnerons à chacun ce qu'il peut faire, dans la limite de ses forces. A l'administrateur, l'action ; au politique, le contrôle. L'un est aussi nécessaire que l'autre ; l'un par l'autre, ils se complètent et se corrigent. Dans un système bien construit, les vices du politique et ceux de l'administrateur se neutralisent ; le contrôle souverain du parlement développe les vertus et l'efficacité de l'administration ; la force de l'administration limite les inconvénients des élections. Sûrement, en quelque sorte mécaniquement, un tel système produit l'honoralibité, la compétence, le dévouement dans la gestion des services publics.

Dans le chapitre VI du livre XI de l'Esprit des Lois, Montesquieu proclame la trinité des pouvoirs ; parfois on l'invoque encore : cependant les imaginations de Montesquieu n'ont plus de valeur pour la République. Préoccupé de rogner l'autorité absolue du roi, Montesquieu imaginait un pouvoir judiciaire, hommage aux parlements de l'ancienne monarchie : pour nous, le pouvoir judiciaire n'est que l'exécution d'un service public. La distinction entre le pouvoir exécutif et le pouvoir législatif s'accordait, avec une certaine monarchie tempérée que Montesquieu concevait : elle heurte à tout instant le fonctionnement normal du régime parlementaire, tel que nous l'avons organisé. L'administration promulgue des règlements qui sont des lois. Le pouvoir exécutif du ministre, qui n'est ministre que parce qu'il est parlementaire et qui dépend à toute minute du parlement, ne peut se distinguer du pouvoir législatif. Les ministres ont beau crier aux interpellateurs : « Ne confondez pas les pouvoirs ; ne touchez pas à mon pouvoir exécutif ! songez à Montesquieu ! » Les interpellateurs n'en ont cure et le ministre qui invoque Montesquieu et son pouvoir exécutif est bien près de ses fins. Montesquieu lui-même ne s'y reconnaîtrait pas ; il a écrit dans ce chapitre VI : « Que s'il n'y avait plus de monarque et que la puissance exécutive fût confiée à un certain nombre de personnes tirées du corps législatif, il n'y aurait plus de liberté. » Or nos ministres sont et doivent être en principe des parlementaires ; c'est l'essence du régime ; c'est par là que nous avons conquis et prétendons garder la liberté. Jeu subtil et sans issue que vouloir, dans une démocratie, constituer, avec la même origine, des pouvoirs parallèles : la peine que se donnent ceux qui veulent transposer, pour une République en formation, les arrangements d'ailleurs empiriques d'une monarchie libérale, ne voile pas la vanité pour nous du pouvoir législatif et du pouvoir exécutif. Il ne s'agit plus d'assurer l'équilibre des pouvoirs ; il n'y a plus de pouvoirs ; il n'y a que des fonctions ; ce qu'on appelait jadis mystérieusement l'Etat n'est que l'ensemble des services publics d'une nation.

La trinité de Montesquieu est périmée ; gardons de la distinction fameuse, ce que l'expérience nous en laisse : la division nécessaire des forces de contrôle et des forces d'action. Les forces de contrôle ont mangé chez nous les forces d'action. L'exagération de la politique, depuis cinquante ans, a rongé la France comme un cancer ; la prolifération des cellules inutiles ou malsaines a étouffé et dévoré la vie de la nation. La paix intérieure et la paix extérieure sont liées au rétablissement de l'équilibre entre les deux forces : celle du nombre et celle de l'élite.

⁂

Comment n'avez-vous pas vu cela plus tôt, depuis cinquante ans que vous êtes en République ; n'est-ce pas que cette sorte de République que vous imaginez n'est qu'une République de rêve et qu'elle n'est pas faite pour vous ; et tous ces égoïsmes farouches, cette pourriture qui s'étale, les arrêterez-vous avec vos systèmes ?

Amis américains, au printemps de 1918, comme beaucoup d'autres pères français, j'ai salué les trains chargés de jeunes hommes qui nous apportaient la certitude d'une paix libératrice ; mais, en voyant dans les yeux de vos soldats la lueur des croisades, à mon orgueil et à ma joie, se mêlait l'angoisse. Ces jeunes hommes magnifiques qui s'étaient levés silencieusement, à l'appel de Verdun, pour le martyre des tranchées, que penseraient-ils quand, derrière l'héroïsme de ceux qui mouraient pour sauver le destin de la France, ils trouveraient les misères de l'arrière et, à l'ombre des petits clochers de France, le grouillement de tous les vices de l'humanité ? Que penserait votre jeune République quand elle verrait de près la vieille nation chargée de souvenirs, de passions et de fautes, raidie dans un sursaut suprême pour triompher de la mort qui la pressait ? Que penseriez-vous quand, au delà du sacrifices de nos fils, vous rencontreriez les marchands de la paix ?

Gardez seulement, Américains, le souvenir de ceux qui sont tombés à la Marne et à Verdun, pour une humanité meilleure, dans laquelle l'amitié des pères et des fils ne sera plus brisée par la guerre ; oubliez les marchands de la paix.

Quand on meurt pour une noble cause, on meurt aussi pour ceux qui l'exploiteront et se feront des rentes avec votre sacrifice : les simoniaques ont toujours vécu du sang des martyrs ; mais ce sont les martyrs qui font les nouvelles aurores de l'humanité.

Aux derniers jours de la guerre, mon fils écrivait :

« Nous ne sommes qu'aux débuts de la civilisation : que sont les siècles des hommes, auprès des époques de la terre ? Trente hommes n'ayant vécu chacun que cinquante ans, mis bout à bout, nous ramènent à Clovis et quarante, au Nazaréen. Les guerres de Louis XIV, les guerres de Napoléon, la guerre de 1914, trois actes d'une même pièce. Les hommes futurs ne verront pas tant de distance entre les guerres de Rome et les convulsions actuelles de l'Europe. Mommsen, en écrivant l'histoire de Rome, n'a-t-il pas prétendu écrire la préface et le modèle de l'histoire d'Allemagne ? »

Voilà ce que pensaient nos enfants quand ils allaient mourir : se sentant marqués par le destin, indifférents et stoïques, ils mesuraient les siècles. Ils ont donné la vie qu'ils aimaient et qui, dans cette France, jardin du monde, venait à eux, les mains pleines de promesses, pour un ordre nouveau fondé sur la démocratie, qui hâtera la civilisation de la terre.

Nos fils morts dans la guerre sont maintenant nos ancêtres ils marchent devant nous : leur pensée domine notre vie nationale. Oui, nous ne sommes qu'aux débuts de la civilisation et peut-être du véritable christianisme. Il y a dix-neuf cents ans un ouvrier de Nazareth a renouvelé la terre en donnant sa vie ; nous croyons que l'immense holocauste de nos fils adorés fera un messianisme nouveau. Et j'inscris ici l'acte de foi que Renan, dans l'abbesse de Jouarre, met, au matin de l'échafaud, sur les lèvres du condamné : « Pour moi je suis toujours avec ceux qui aspirent à l'inconnu. La justice est en avant de nous et non pas en arrière. »

Parce que la République est cette marche des peuples vers l'avenir, j'ai servi la République et mon fils est tombé pour elle, le 22 août 1918, dans les champs dévastés de Beuvraignes.

Amis américains, vous demandez ce que nous autres Français nous voulons : par les Etats-Unis d'Europe réunis aux Etats-Unis d'Amérique, nous voulons la paix européenne de cent ans et par la paix européenne de cent ans, une nouvelle et grande étape de la civilisation.

Février 1924.

INDEX

D

N

O

P

T

U

V

W

TABLE DES MATIÈRES

PLAN D'ENSEMBLE

D'UNE

HISTOIRE ÉCONOMIQUE ET SOCIALE DE LA GUERRE MONDIALE

I

LISTE DES DIRECTEURS ET DES COMITÉS DE DIRECTION

DIRECTEUR GÉNÉRAL : M. JAMES T. SHOTWELL

Membre de droit des Comités de direction

FRANCE

Comité de direction :

Président : M. Charles GIDE.
Membres : M. Arthur FONTAINE.
M. Henri HAUSER.
M. Charles RIST.

BELGIQUE

M. H. PIRENNE, *directeur.*

GRANDE-BRETAGNE

Comité de direction :

Président : Sir William BEVERIDGE, K. C. B.
Membres : M. H. W. C. DAVIS, C. B. E.
M. Thomas JONES, LL. D.
M. J. M. KEYNES, C. B.
M. F. W. HIRST.
M. W. R. SCOTT, D. Phil.

ITALIE

Comité de direction :

Président : M. Luigi EINAUDI.
Membres : M. Pasquale JANNACCONE.
M. Umberto RICCI.

ALLEMAGNE

Comité de direction :

Président : M. Carl MELCHIOR.
Membres : M. A. MENDELSSOHN-BARTHOLDY.
M. Hermann BÜCHER.
M. Carl DUISBERG.
M. Max SERING.

AUTRICHE

Comité de direction :

Président : † M. Friedrich von WIESER (1920-1926)
(Mort en juillet 1926)
Membres : M. Richard RIEDL.
M. Richard SCHÜLLER.
M. Clemens von PIRQUET.

HONGRIE

M. Gustave GRATZ, *directeur.*

RUSSIE

† Sir Paul VINOGRADOFF, *directeur* (1921-1925)
(Mort en décembre 1925.)

PAYS-BAS

M. H. B. GREVEN, *directeur.*

PAYS SCANDINAVES

Comité de direction :

Président : M. Harald WESTERGAARD (Danemark).
Membre : M. Eli HECKSCHER (Suède).

ROUMANIE

M. David MITRANY, *directeur.*

II

LISTE DES MONOGRAPHIES

(Cette liste ne comprend que les monographies déjà parues et celles qui sont en préparation. Elle pourra être modifiée ou allongée selon les besoins. Les monographies se divisent en deux catégories principales : celles destinées à former un volume de 300 à 400 pages, et celles qui, ne comportant qu'une centaine de pages, pourront être ultérieurement réunies en un même volume avec d'autres traitant de sujets connexes. Les monographies déjà parues sont indiquées par un astérisque, celles qui ne traitent qu'une partie d'un sujet par un double astérisque.)

Série Française

*Bibliographie méthodique de l'Histoire économique et sociale de la France pendant la guerre, par M. Camille Bloch.

L'Organisation gouvernementale française pendant la guerre :

- *Les Formes du gouvernement de guerre, par M. Pierre Renouvin ;
- *Le Problème du régionalisme, par M. Henri Hauser ;
- Les Services administratifs pendant la guerre (leur histoire et leurs archives), par M. A. Boutillier du Retail ;
- *L'Organisation de la République pour la paix, par M. Henri Chardon.

*Le Contrôle du ravitaillement de la population civile, par M. Pierre Pinot.

*L'Agriculture pendant la guerre, par M. Michel Augé-Laribé.

La Guerre et l'industrie française :

- *L'Industrie française pendant la guerre, par M. Arthur Fontaine ;
- L'Organisation des industries de guerre, par M. Albert Thomas ;
- *Les Industries textiles, par M. Albert Aftalion ;
- Les Industries métallurgiques, par MM. L. Pralon, P. Richemond et L. Baraduc-Muller.
- Les Industries chimiques, par M. Eugène Mauclère ;
- Les Combustibles minéraux, par M. Henri de Peyerimhoff ;
- *Les Forces hydro-électriques, par M. Raoul Blanchard ;
- Les Bois d'œuvre pendant la guerre, par M. le général Chevalier ;
- Les Industries de l'aéronautique, par M. le colonel Paul Dhé.

La Guerre et le travail (3 volumes) :

Salaires, tarifs, conventions collectives, grèves, par MM. William Oualid et C. Picquenard ;
Placement et chômage, par M. A. Créhange ;
Le Syndicalisme durant la guerre, par M. Roger Picard ;
*La Main-d'œuvre étrangère et coloniale, par M. B. Nogaro et M. le lieutenant-colonel Weil ;
*La Santé et le travail des femmes pendant la guerre, par M. Marcel Frois.

Effets économiques de la guerre dans les régions envahies.

L'Organisation du travail dans les régions envahies de la France pendant l'occupation, par M. Pierre Boulin ;
Le Ravitaillement des régions envahies, par MM. Paul Collinet et Paul Stahl ;
Les Dommages de guerre pour la France, par MM. Edmond Michel et Prangey.

Réfugiés et prisonniers de guerre :

Les Réfugiés, par M. Pierre Caron ;
Les Prisonniers de guerre en France, par M. Georges Cahen-Salvador.

La Guerre et le commerce :

La France et la politique économique interalliée (2 volumes), par M. Étienne Clémentel ;
La Guerre et le commerce français. Etude générale, par M. Charles Rist.

La Guerre et la marine marchande française :

Transports par mer : la marine marchande, par M. Cangardel ;
Les Ports français pendant la guerre, par M. Georges Hersent.

La Guerre et les transports :

*Politique et fonctionnement des transports par chemins de fer, par M. Marcel Peschaud ;
*La Navigation intérieure en France pendant la guerre, par M. Georges Pocard de Kerviler.

La Guerre et les finances françaises :

*Les finances de guerre de la France, par M. Henri Truchy ;
Le Marché monétaire et financier français pendant la guerre, par M. Albert Aupetit.

Le Coût de la guerre pour la France :

*Les Dépenses de guerre de la France, par M. Gaston Jèze ;
Le Coût de la guerre pour la France, par MM. Charles Gide et Gaston Jèze.

La Guerre et la vie sociale :

La Lutte contre la cherté par les organisations privées, par MM. Charles Gide et Daudé-Bancel ;

Problème du logement et urbanisme, par MM. Henri Sellier et Bruggeman ;

La Population et les revenus en France pendant la guerre, par M. Michel Huber ;

*Le mouvement des prix et des salaires durant la guerre en France, par M. Lucien March.

La Guerre et la santé publique :

La Défense de la santé publique pendant la guerre, par le Dr Léon Bernard ;

Les Mutilés, par MM. Cassin et de Ville-Chabrolle.

Etudes d'Histoire locale (2 volumes).

Paris, par MM. Henri Sellier, Bruggeman et Poëte ;

*Lyon, par M. Edouard Herriot ;

*Marseille, par M. Paul Masson ;

*Rouen, par M. J. Levainville ;

*Bordeaux, par M. Paul Courteault ;

*Bourges, par M. Claude-Joseph Gignoux ;

*Tours, par MM. Michel Lhéritier et Camille Chautemps ;

L'Alsace et la Lorraine, par M. Georges Delahache.

La Guerre et les colonies françaises :

L'Afrique du Nord, par M. Augustin Bernard ;

Les Colonies françaises pendant la guerre, par M. Arthur Girault.

Série Belge

La Belgique et la guerre mondiale, par M. H. Pirenne.

La Déportation et le travail forcé des ouvriers et de la population civile (1915-1918), par M. Fernand Passelecq.

*Le Ravitaillement de la Belgique pendant l'occupation allemande, par M. Albert Henry.

*La Législation et l'administration allemandes en Belgique, par MM. J. Pirenne et M. Vauthier.

*Le Secours-Chômage en Belgique pendant l'occupation allemande, par M. Ernest Mahaim.

L'industrie belge pendant l'occupation allemande, par le comte Ch. de Kerchove.

L'Action du gouvernement belge en matière économique pendant la guerre, par M. F. G. van Langenhove.

Série Britannique

*Bibliographie, par Mlle M. E. Bulkley.

*Archives britanniques de paix et de guerre, par M. Hubert Hall.

*Manuel de l'administration des archives, par M. Hilary Jenkinson.

Le Gouvernement de guerre de la Grande-Bretagne et de l'Irlande, considéré spécialement au point de vue économique, par M. W. G. S. ADAMS, C. B.

*Le Gouvernement de guerre dans les Dominions, par M. A. B. KEITH, D. C. L.

*Mécanisme de certains contrôles de l'Etat, par M. E. M. H. LLOYD.

Rationnement et ravitaillement, par Sir William BEVERIDGE, K. C. B. et Sir Edward C. K. GONNER, K. B. E.

*Prix et salaires dans le Royaume-Uni (1914-1920), par M. A. L. BOWLEY.

Les Impôts et les bénéfices de guerre, par Sir Josiah C. STAMP, K. B. E.

Les Impôts.

Les Bénéfices de guerre et leur répartition.

La Guerre et les assurances. Série d'études :

Assurances sur la vie, par M. S. G. WARNER.

Assurances-incendie, par MM. A. E. SICH et S. PRESTON.

Assurances maritimes, par Sir Norman HILL.

Sociétés de Secours mutuels et assurances sur la santé, par Sir Alfred WATSON.

Le Mouvement national pour l'épargne, par Sir William SCHOOLING.

Assurances contre le chômage, par Sir William BEVERIDGE.

Histoire générale de la marine marchande britannique pendant la guerre, par M. C. Ernest FAYLE.

*Le Contrôle des alliés sur la navigation maritime ; une expérimentation d'administration internationale, par Sir Arthur SALTER, K. C. B.

*L'Industrie britannique du charbon et la guerre, par Sir Richard REDMAYNE, K. C. B.

L'Industrie britannique du fer et de l'acier pendant la guerre, par M. W. T. LAYTON, C. H., C. B. E.

Les Effets de la guerre sur les industries textiles britanniques :

Le Commerce de la laine pendant la guerre, par M. E. F. HITCHCOCK.

**La Commission de contrôle du coton, par M. H. D. HENDERSON.

*Production des denrées alimentaires, par Sir Thomas MIDDLETON, K. B. E.

Les Trade-Unions et la guerre, par M. G. D. H. COLE :

**Le Trade-Unionisme et les munitions.

**La Main-d'œuvre dans l'industrie britannique du charbon.

**Les Organisations ouvrières par ateliers.

*L'Organisation du travail et son contrôle, par M. Humbert WOLFE, C. B. E.

Effets de la guerre sur la santé publique :

La Santé de la population civile pendant la guerre, par M. A. W. J. MACFADDEN, C. B.

La Santé de soldats démobilisés, par M. E. Cunyngham BROWN, C. B. E.

*La Vallée de la Clyde pendant la guerre, par M. W. R. SCOTT et M. J. CUNNISON.

L'Ecosse rurale pendant la guerre : série d'études sous la direction de M. W. R. SCOTT :

Pêcheries écossaises, par M. D. T. JONES ;

Agriculture écossaise, par M. H. M. CONACHER ;
Le Travailleur agricole, par M. DUNCAN ;
La Réforme agraire, par M. W. R. SCOTT ;
Appendice sur le jute, par M. J. P. DAY.

Les Budgets de guerre et la politique financière britannique, par MM. F. W. HIRST et J. E. ALLEN.

Le Pays de Galles et la guerre, par M. T. JONES.

Manuels pour l'étude de l'économie de guerre :
Dictionnaire des organisations officielles du temps de guerre, par M. N. B. DEARLE.
Chronique économique de la guerre, par M. N. B. DEARLE.

Etudes d'Histoire sociale britannique pendant la guerre mondiale (en préparation).

Le Coût de la guerre pour la Grande-Bretagne (en préparation).

SÉRIE ITALIENNE

Bibliographie économique et sociale de la guerre, par M. Vincenzo PORRI, avec une introduction sur les archives de la guerre, par M. Eugenio CASANOVA.

*La Législation économique de la guerre, par M. Alberto De'STEFANI.

La Production agricole en Italie (1914-1919), par M. Umberto RICCI.

Les Classes agricoles en Italie pendant la guerre, par M. Arrigo SERPIERI.

*Alimentation et rationnement, par M. Riccardo BACHI et Alimentation de l'armée italienne, par M. Gaetano ZINGALI.

Les Finances de guerres, par M. Luigi EINAUDI.

Le Coût de la guerre pour l'Italie, par M. Luigi EINAUDI.

De l'Inflation en Italie et de ses répercussions sur les prix, les revenus et les changes étrangers, par M. Pasquale JANNACCONE.

*Statistique de la santé publique en Italie pendant et après la guerre, par M. Giorgio MORTARA.

Le Peuple italien pendant et après la guerre : étude sociale, par M. Gioacchino VOLPE.

*Les Répercussions de la guerre sur la vie économique et sociale du Piémont, par M. Giuseppe PRATO.

SÉRIE ALLEMANDE

Aperçu bibliographique de la littérature allemande relative à l'histoire économique et sociale de la guerre, par M. A. MENDELSSOHN-BARTHOLDY et M. E. ROSENBAUM, avec une section sur les archives impériales, par M. le comte MUSEBECK.

Effets de la guerre sur le gouvernement et la constitution de l'Allemagne :
a) Le Gouvernement de guerre de l'Allemagne, par M. A. MENDELSSOHN-BARTHOLDY ;
b) L'Administration politique des territoires occupés, par MM. VON GAYL, W. VON KRIES et L. F. VON KÖHLER.

Effets de la guerre sur la morale et la religion :
a) Les Effets de la guerre sur la morale, par M. O. BAUMGARTEN.

b) Les Effets de la guerre sur la religion, par MM. Erich Foerster et Arnold Rademacher.
c) Les Effets de la guerre sur la jeunesse, par M. Wilhelm Flitner.
d) La Guerre et le crime, par M. Moritz Liepmann.

Effets de la guerre sur la population, le revenu et le niveau de la vie en Allemagne :
a) Les Effets de la guerre sur la population, par M. R. Meerwarth.
b) Les Effets de la guerre sur les revenus, par M. A. Gunther.

Les Effets généraux de la guerre sur la production, par M. Max Sering.

La Guerre et le contrôle gouvernemental :
a) Le Contrôle de l'État et sa liquidation, par M. H. Goppert.
b) L'Approvisionnement des matières premières et le contrôle du gouvernement, par M. A. Koeth.
c) La Coopération économique avec les alliés de l'Allemagne et l'organisation du ravitaillement, par M. W. Frisch.
d) L'Utilisation économique des territoires envahis :
La Belgique et la France du Nord, par M. Jahn.
La Roumanie et l'Ukraine, par M. Mann.
La Pologne et la région baltique, par MM. W. von Kries et von Gayl.

Les Effets de la guerre sur le commerce allemand, par M. K. Wiedenfeld.

Les Effets de la guerre sur la navigation et les chemins de fer :
a) La Guerre et la flotte allemande, par M. E. Rosenbaum.
b) La Guerre et les chemins de fer (en préparation).

L'Influence de la guerre sur l'industrie allemande, par M. Hermann Bücher.

La Guerre et les syndicats ouvriers allemands, par MM. Paul Umbreit, Adam Stegerwald, Antoine Erkelenz et Gustave Bauer.

L'Histoire sociale des classes ouvrières pendant et après la guerre :
a) La Guerre et l'ouvrier allemand, par M. David.
b) La Guerre et les salaires, par M. Waldemar Zimmermann.

L'Alimentation et l'agriculture :
a) La Guerre et la population agricole, par M. Max Sering.
b) L'Approvisionnement alimentaire pendant la guerre, par M. Ar. Skalweit.
c) La Statistique alimentaire du temps de guerre, par M. Ernest Wagemann.
d) L'Influence de la guerre sur la production agricole, par M. Friedrich Aereboe.

Effets de la guerre sur les finances allemandes :
a) Effets de la guerre sur la circulation monétaire et les banques (en préparation.)
b) Les Finances allemandes pendant la guerre, par M. Walter Lotz.

Série Autrichienne et Hongroise

Autriche-Hongrie :

*Bibliographie des documents imprimés, par M. Othmar Spann.
*Les Finances austro-hongroises pendant la guerre, par M. Alexandre Popovics.

Histoire économique militaire ; série d'études écrites sous la direction du général KRAUSS, du général HOËN et du colonel GLAISE-HORSTENAU. Le Recrutement, etc., par le colonel KLOSE ; Munitions et ravitaillement, par le colonel PFLUG ; les Transports sous le contrôle militaire, par le colonel RATZENHOFER ; (autres volumes en préparation).

L'Utilisation économique des territoire occupés : Serbie, Monténégro, Albanie, par le général KERCHNAWE ; l'Italie du Nord, par le général LEIDL ; l'Ukraine, par le général KRAUSS ; la Roumanie, par M. Félix SOBOTKA ; la Pologne par le général MITZKA.

« Mittel-Europa », préparation d'une nouvelle union économique, par MM. GRATZ et SCHULLER.

La Ruine et le démembrement de la monarchie des Habsbourg (en préparation).

Empire d'Autriche :

Le Gouvernement de guerre en Autriche, par M. Joseph REDLICH.

Réglementation de l'industrie en Autriche pendant la guerre, par M. Richard RIEDL.

Le Contrôle de l'alimentation et de l'agriculture en Autriche pendant la guerre, par M. H. LÖWENFELD-RUSS.

*Le Travail en Autriche pendant la guerre, série d'études sous la direction de M. Ferdinand HANUSCH.

Les Chemins de fer autrichiens pendant la guerre (contrôle civil), par M. VON ENDERES.

*Le Ravitaillement en charbon de l'Autriche pendant la guerre, par M. VON HOMANN-HERIMBERG.

Effets de la guerre sur la morale et la religion, par le chancelier SEIPEL.

La Guerre et le crime en Autriche, par M. Franz EXNER.

Le Coût de la guerre en Autriche, par M. HORNIK.

Royaume de Hongrie :

Histoire générale de l'économie de guerre en Hongrie, par M. Gustav GRATZ.

Les Effets de la guerre sur l'administration gouvernementale et sur l'esprit public en Hongrie, par le comte Albert APPONYI.

Histoire de l'industrie hongroise pendant la guerre, par le baron Joseph SZTERÉNYI.

Histoire du commerce hongrois pendant la guerre, par M. Alexandre MATLEKOVITS.

Histoire des finances hongroises pendant la guerre, par M. John TELESZKY.

L'Agriculture en Hongrie, par M. MUTSCHENBACHER, et le Contrôle alimentaire, par M. Jean BUD.

La Vie sociale en Hongrie pendant la guerre, par M. Desider PAP.

La Santé publique et la Guerre en Autriche-Hongrie :

Exposé général de la santé publique en Autriche-Hongrie, par le docteur VON PIRQUET.

Études sur la santé publique en Autriche pendant la guerre, par les docteurs HELLY, KIRCHENBERGER, STEINER, RASCHOFSKY, KASSOWITZ, BREITNER, VON BOKAY, SCHACHERL, HOCKAUF, FINGER, KYRLE, ELIAS, ECONOMO, MULLER-DEHAM, NOBEL, WAGNER, EDELMAN et MAYERHOFER, avec une introduction par le docteur von PIRQUET.

PREMIÈRE SÉRIE RUSSE

(Jusqu'à la Révolution bolchéviste.)

Effets de la guerre sur le gouvernement et les finances nationales en Russie :

Les Effets de la guerre sur le gouvernement central en Russie, par M. Paul P. GRONSKY.

Les Finances de l'Etat en Russie pendant la guerre, par M. Alexandre M. MICHELSON.

La Circulation monétaire en Russie pendant la guerre, par M. Michel V. BERNADSKY.

Le Crédit d'Etat en Russie pendant la guerre, par M. Paul N. APOSTOL.

Les Municipalités et les Zemstvos pendant la guerre :

Les Effets de la guerre sur les municipalités russes et l'Union nationale des villes, par M. N. I. ASTROFF.

Les « Zemstvos » en temps de paix et en temps de guerre, par le prince George E. LVOFF.

Les « Zemstvos », par le prince Wladimir A. OBOLENSKY.

L'Union nationale des « Zemstvos » et la « Zemgor » (Fédération de l'Union des Zemstvos et de l'Union des Villes), par M. Serge P. TURIN.

La Guerre et la psychologie des membres des « Zemstvos », par Isaac V. SHKLOVSKY.

L'Armée russe dans la guerre mondiale, étude d'histoire sociale, par le général Nicolas N. GOLOVINE.

L'Economie rurale en Russie et la guerre, par MM. Alexis ANZIFEROFF, Alexandre BILIMOVITCH et M. O. BATCHEFF.

Les Effets de la guerre sur la propriété foncière et la réforme agraire, par MM. V. A. KOSSINSKY et Alexandre D. BILIMOVITCH.

Le Problème du ravitaillement en denrées alimentaires de la Russie pendant la guerre, par M. Pierre B. STRUVÉ, de l'Académie des Sciences de Russie.

Effets de la guerre sur le mouvement coopératif en Russie :

Le Crédit coopératif et la coopération agricole en Russie et la guerre, par M. Alexis N. ANZIFEROFF.

Le Contrôle de l'industrie par l'Etat en Russie pendant la guerre, par M. Simon O. ZAGORSKY.

Les Effets de la guerre sur quelques industries :

a) Les Mines de charbon, par M. Boris N. SOKOLOFF.
b) L'Industrie chimique, par M. Mark A. LANDAU.
c) L'Industrie du lin et de la laine, par M. Serge N. TRETIAKOFF.

Les Effets de la guerre sur les questions ouvrières :

a) Les Salaires, par Mlle Anna G. Eisenstadt.

b) Les Modifications survenues dans la composition des classes ouvrières, par Vladimir T. Braithwaite.

Le Commerce russe durant la guerre, par M. Paul A. Bouryshkine.

La Russie et la guerre économique, par le baron Boris E. Noldé.

Les Transports en Russie pendant la guerre, par M. Michel B. Braikevitch.

Les Institutions universitaires russes pendant la guerre, par M. Paul J. Novgorodzoff.

L'Enseignement primaire et l'enseignement secondaire en Russie durant la guerre, par M. Dimitry M. Odinez.

L'Histoire sociale de l'Ukraine pendant la guerre, par M. Nicolas M. Mogilansky.

Statistique de la vie publique en Russie pendant la guerre, par M. S. S. Kohn.

La Russie et la guerre mondiale (synthèse historique) : en prépation.

Série Hollandaise

Effets économiques et sociaux de la guerre dans les Pays-Bas :

L'Effet de la guerre sur le ravitaillement, par M. F. E. Posthuma.

L'Industrie hollandaise, par M. C. P. Zaalberg.

Le Commerce et la navigation hollandais, par M. E. P. de Monchy.

Prix, salaires et coût de la vie, par M. H. W. Methorst.

Banques et circulation, par MM. Vissering et J. Westerman Holstyn.

Les Colonies hollandaises, 1914-1922, par MM. J. H. Carpentier Altino et de Cock-Buning.

**Les Finances de guerre des Pays-Bas, jusqu'en 1918, par M. J. van der Flier.

Les Finances de guerre dans les Pays-Bas, de 1918 à 1922. Le Coût de la guerre, par M. H. W. C. Bordewyk.

Les Effets de la guerre sur le problème du logement, 1914-1922, par M. H. J. Romeyn.

Série Scandinave

Les Effets de la guerre en Suède, série de monographies :

a) La Vie et le travail du peuple suédois. Introduction générale, par M. Eli F. Heckscher.

b) L'Agriculture suédoise et l'approvisionnement alimentaire, par M. Carl Mannerfelt.

c) L'Industrie suédoise, par M. Olaf Edstrom.

d) Les Classes ouvrières, par M. Otto Jarte.

Effets de la guerre sur les finances et le commerce suédois :

a) La Circulation et les finances, par M. Eli F. Heckscher.

b) Le Commerce suédois, par M. Kurt Bergendal.

La Norvège et la guerre mondiale, par M. Wilhelm Keilhau.

Les Effets économiques de la guerre sur le Danemark, par M. Einar COHN, avec une étude sur l'Islande, par M. Thorstein THORSTEINSSON.

SÉRIE TCHÉCOSLOVAQUE

*Problèmes financiers et politiques en Tchécoslovaquie pendant la première année d'après-guerre, par M. A. RASIN.

Les Effets de la guerre sur le peuple tchécoslovaque. Volume d'études rédigées sous la direction du président MASARIK.

SÉRIE YOUGO-SLAVE

Situation économique de la Serbie avant la guerre par M. Velimir BAJKITCH.

La Serbie pendant la première année de la guerre, par M. Velimir BAJKITCH.

Effets de la guerre, série d'études (en préparation).

SÉRIE ROUMAINE

La Révolution agraire en Roumanie et dans le Sud-Est de l'Europe, par M. D. MITRANY.

Conséquences économiques de la guerre en Roumanie :

- Les Effets de l'occupation ennemie en Roumanie, par M. G. ANTIPA.
- Les Effets de la guerre sur la santé publique en Roumanie, par M. J. CANTACUZÈNE.
- Les Effets de la guerre sur la vie économique roumaine (volume en préparation).

III

LISTE DES MONOGRAPHIES PUBLIÉES ET DES ÉDITEURS

(La publication des Monographies est faite sous la direction générale de la *Yale University Press*, avec le concours d'éditeurs dans les différents pays. Chacun des volumes se trouve donc ainsi non seulement à la *Yale University Press*, mais dans tous les pays, chez les éditeurs de l'*Histoire économique et sociale de la guerre.*)

Les ouvrages suivants ont paru ou vont paraître prochainement :

Série autrichienne et hongroise
(en allemand)

Bibliographie des documents imprimés, par M. Othmar Spann.
Les Finances austro-hongroises pendant la guerre, par M. Alexandre von Popovics.
Le Ravitaillement en charbon de l'Autriche pendant la guerre, par M. von Homann-Herimberg.
Le Travail en Autriche pendant la guerre, série d'études sous la direction de M. Ferdinand Hanusch.

Série belge
(en français)

La Législation et l'administration allemandes en Belgique, par MM. J. Pirenne et M. Vauthier.
Le Ravitaillement de la Belgique pendant l'occupation allemande, par M. Albert Henry.
Le Secours de chômage en Belgique pendant l'occupation allemande, par M. Ernest Mahaim.

Série anglaise
(en anglais)

Le Contrôle des alliés sur la navigation maritime ; une expérimentation d'administration internationale, par sir Arthur Salter, K.C.B.
Le Gouvernement de guerre dans les Dominions, par M. A. B. Keith.
Prix et salaires dans le Royaume-Uni (1914-1920), par M. A. L. Bowley.
Manuel de l'administration des Archives, par M. Hilary Jenkinson.
La Commission de contrôle du coton, par M. H. D. Henderson.
Bibliographie, par Mlle M. E. Bulkley.

Archives britanniques de paix et de guerre, par M. Hubert Hall.
L'Organisation du travail et son contrôle, par M. Humbert Wolfe. C. B. E.
L'Industrie britannique du charbon et la guerre, par Sir Richard Redmayne, K. C. B.
Production des denrées alimentaires, par sir Thomas Middleton. K. B. E.
Les Organisations ouvrières par ateliers, par M. G. D. H. Cole.
Le Trade-Unionisme et les Munitions, par M. G. D. H. Cole.
La Main-d'œuvre dans l'industrie britannique du charbon, par M. G. D. H. Cole.
Mécanisme de certains contrôles de l'Etat, par M. E. M. H. Lloyd.
La Vallée de la Clyde pendant la guerre, par M. W. R. Scott et M. J. Cunnison.

Série italienne
(*en italien*)

Statistique de la Santé publique en Italie pendant et après la guerre, par M. Giorgio Mortara.
Les Répercussions de la guerre sur la vie économique et sociale du Piémont, par M. Giuseppe Prato.

Série tchécoslovaque
(*en anglais*)

Problèmes financiers et politiques en Tchécoslovaquie pendant la première année d'après-guerre, par M. A. Rasin.

Série hollandaise
(*en anglais*)

Les Finances de guerre des Pays-Bas, jusqu'en 1918, par M. J. van der Flier.

Série française
(*en français*)

Bibliographie méthodique de l'Histoire économique et sociale de la France pendant la guerre, par M. Camille Bloch.
Le Problème du régionalisme, par M. Henri Hauser.
L'Industrie française pendant la guerre, par M. Arthur Fontaine.
Les Industries textiles, par M. Albert Aftalion.
Les Forces hydro-électriques pendant la guerre, par M. Raoul Blanchard.
L'Agriculture française pendant la guerre, par M. Michel Augé-Laribé.
Le Contrôle du ravitaillement de la population civile, par M. Pierre Pinot.
Lyon pendant la guerre, par M. Edouard Herriot.

La Vie économique à Bordeaux pendant la guerre, par M. P. COURTEAULT.
Tours et la guerre. Étude économique et sociale, par MM. Michel LHÉRITIER et C. CHAUTEMPS.
Marseille pendant la guerre, par M. P. MASSON.
Rouen pendant la guerre, par M. J. LEVAINVILLE.
Bourges pendant la guerre, par M. C. J. GIGNOUX.
Les formes du Gouvernement de guerre, par M. P. RENOUVIN.
Le Mouvement des prix et des salaires durant la guerre en France, par L. MARCH.
La Main-d'œuvre étrangère et coloniale en France, par M. B. NOGARO et M. le lieutenant-colonel WEIL.
La Santé et le travail des femmes pendant la guerre, par M. Marcel FROIS.
Les Dépenses de guerre de la France, par M. Gaston JÈZE.
Les Finances de guerre de la France, par M. Henri TRUCHY.
La Navigation intérieure en France pendant la guerre, par M. G. POCARD DE KERVILER.
Politique et fonctionnement des transports par chemins de fer, par M. Marcel PESCHAUD.
L'organisation de la République pour la paix, par M. Henri CHARDON.
L'Afrique du Nord pendant la guerre, par M. Augustin BERNARD.

***

Les éditeurs et les dépositaires de ces volumes sont les suivants :

AMÉRIQUE : *Yale University Press*, New-Haven (Connecticut).

AUTRICHE-HONGRIE : *Holder-Pichler-Tempsky, A. G.*, Vienne (Autriche).

FRANCE : *Les Presses Universitaires de France*, 49, boulevard St-Michel, Paris (France).

ALLEMAGNE : *Deutsche Verlags-Anstalt*, Berlin et Stuttgart.

GRANDE-BRETAGNE : *Oxford University Press Amen House*, Warwick Square, Londres, E. C. 4.

ITALIE : *Casa Editrice Laterza*, Bari (Italie).

Toute personne qui désirerait avoir des renseignements sur les volumes parus ou à paraître doit s'adresser à l'éditeur de son pays.

Imp. des *Presses Universitaires de France*, Paris. — 1926. — 0.456

L'Organisation Gouvernementale Française pendant la Guerre

comprend les monographies suivantes :

Les Formes du gouvernement de guerre, par M. P. Renouvin.

Le Problème du régionalisme, par M. H. Hauser.

Les Services administratifs pendant la guerre (leur histoire et leurs archives), par M. A. Boutillier du Retail.

L'Organisation de la République pour la paix, par M. H. Chardon.

PARAITRONT PROCHAINEMENT :

Monographies concernant :

La Lutte contre la cherté par les organisations privées, par MM. Ch. Gide et Daudé-Bancel.

L'Afrique du Nord pendant la guerre, par M. Augustin Bernard.

Chômage et Placement, par M. A. Crébance.

Les Bois d'œuvre pendant la guerre, par M. le général Chevalier.

www.ingramcontent.com/pod-product-compliance
Ingram Content Group UK Ltd.
Pitfield, Milton Keynes, MK11 3LW, UK
UKHW020142220726
13923UKWH00001B/324